स्टीफन हॉकिंग

कुछ प्रमुख जीवनियाँ

ईश्वरचंद्र विद्यासागर
नेपोलियन बोनापार्ट
चंद्रशेखर आजाद
लाला हरदयाल
समाज सुधारक राजा राममोहन राय
आनंदमूर्ति
बेंजामिन फ्रैंकलिन की आत्मकथा
जगदीशचंद्र बसु
लोकमाता अहिल्याबाई
लोकमान्य बाल गंगाधर तिलक
लियोनार्दो द विंची
शिखर भारतीय महिलाएँ
मैडम भीखाजी कामा
प्रथम अंतरिक्ष यात्री यूरी गागरिन
लियो टॉलस्टॉय
आचार्य विनोबा भावे
स्वामी रामदेव
आर्यभट
अन्ना हजारे
नेल्सन मंडेला
महर्षि अरविंद घोष
कस्तूरबा गांधी
कर्नल जिम कॉर्बेट
मौलाना अबुल कलाम आजाद
होमी जहांगीर भाभा
नेताजी सुभाषचंद्र बोस
भगिनी निवेदिता
भारत कोकिला सरोजिनी नायडू
स्टीफन हॉकिंग
गोपाल कृष्ण गोखले
रवींद्रनाथ टैगोर
स्वामी दयानंद सरस्वती
बिपिनचंद्र पाल
निकोलस कॉपरनिकस
बिरसा मुंडा

स्टीफन हॉकिंग

महेश शर्मा

प्रभात प्रकाशन

प्रकाशक

प्रभात प्रकाशन प्रा. लि.

4/19 आसफ अली रोड, नई दिल्ली–110002

फोन : 011–23289777 • हेल्पलाइन नं. : 7827007777

इ–मेल : prabhatbooks@gmail.com ❖ वेब ठिकाना : www.prabhatbooks.com

संस्करण

2025

मूल्य

तीन सौ [illegible]

मुद्रक

नरुला प्रिंटर्स, दिल्ली

———————— ★ ————————

STEPHEN HAWKING

Autobiography by Mahesh Sharma

Published by **PRABHAT PRAKASHAN PVT. LTD.**

4/19 Asaf Ali Road, New Delhi-110002

ISBN 978-93-5048-262-9

₹ 300.00

उन सबको, जिनकी
अद्‌भुत जिजीविषा,
अदम्य साहस
और
अपूर्व इच्छाशक्ति
शारीरिक विकलांगता की बाधाओं को पार कर
कुछ कर गुजरने में सफल हुई।

अपनी बात

मजबूती, गजब का आत्मविश्वास, जबरदस्त व्यक्तित्व हॉकिंग की विशेषताएँ हैं। साधारणतः वे समझौता नहीं करते, अपनी बात पर अडिग रहते हैं। स्वभाव से विनोदी प्रकृति के हैं। उनके हितैषी अनेक हैं, साथ ही कई मित्र भी।

वे एक सहृदय पिता हैं। उनका चेहरा मन के आईने जैसा है। उनके मन को जानने की वह एक खिड़की है।

"जीवन सीधा-सरल नहीं होता। हमें अपनी स्थिति के अनुसार सुंदर जीवन जीने का प्रयत्न करना चाहिए।"–यही उनका संदेश है।

स्टीफन हॉकिंग जीवन भर शारीरिक विकलांगता के बावजूद केवल सुदृढ़ मनोबल के बल पर अनुसंधान करनेवाले अनूठे वैज्ञानिक हैं। अटूट जिजीविषा उनके जीवन का एक और अलौकिक पक्ष है।

कोई यह भी पूछेगा कि क्या वैज्ञानिक के लिए लोकप्रिय होना आवश्यक है? उत्तर कुछ मुश्किल है। जिनको सरल भाषा में लिखना आता है, वे लिखने में रुचि लेते हैं। उसे लोग कम ही जानते हैं, जिसे लिखने में रुचि नहीं होती, ऐसा एकाध ही विरला वैज्ञानिक होता है, उसका अनुसंधान भी पहले दर्जे का और लेखन भी पहले दर्जे का होता है। स्टीफन हॉकिंग उन्हीं लोगों में से हैं। साधारण शारीरिक कर्म भी वे स्वयं नहीं कर सकते। परंतु हम जानते हैं कि ईश्वर ने उन्हें अद्‌भुत बुद्धि और अथक लगन दी है। केवल उनके अनुसंधान पर नहीं और न ही उनकी पुस्तक पर, बल्कि हम उनके समग्र जीवन पर मोहित होते हैं और उसके बारे में यथासंभव अधिक जानकारी प्राप्त करने की कोशिश करते हैं। केवल उनके बारे में ही नहीं, बल्कि उनके परिवार के सदस्यों, सहयोगियों एवं अनुसंधानकर्ताओं के बारे में जानने की उत्सुकता होती है।

हॉकिंग का आत्मानुशासन, उनका प्रभाव, समय का कठोर पालन। हमारे यहाँ ऐसा विकलांग व्यक्ति दयनीय, दीन, निराश और हताश दिखता है। हॉकिंग मजबूत मिजाज के, दृढ़ निश्चयी और जिद्‌दी हैं। ये सब गुण उनके स्वतंत्र

व्यक्तित्व के द्योतक हैं। इसलिए वे बिना किसी ऊब के बुद्धि के बल पर नए-नए प्रश्न सुलझाते रहते हैं। इसका मूल रहस्य है–उनका जीवन से असीम प्रेम। इस प्रकार मन की पक्की धारणा है कि जिजीविषा से जीवन का लोभ कम नहीं होता। शरीर से प्रेम भी कम नहीं होता। तभी तो वे स्वयं को सदैव ठीक-ठाक रखते हैं। कैसे भी जीवन बिताना है–इस प्रकार का विचार उनके मन को छूता तक नहीं। यही कारण है कि वे हमेशा तरोताजा रहते हैं। ठीक समय पर विश्वविद्यालय जाते हैं और ठीक बारह बजे चाय पीने के लिए आते हैं। उनकी विद्वत्ता और बुद्धि इतनी है कि उनके आलोचक उन्हें नाम से नहीं पुकारते, बल्कि 'प्रोफेसर हॉकिंग' कहकर संबोधित करते हैं। उनके साथ बोलते समय व्यर्थ की बातें करने की आजादी किसी को नहीं। यह सही है कि विद्वत्ता के प्रति आदर के बिना कोई भी समाज आगे नहीं बढ़ सकता।

प्रस्तुत पुस्तक में उनके वैज्ञानिक शोध, व्याख्यान, उनकी महत्त्वपूर्ण मुलाकातों तथा जीवन के विभिन्न पहलुओं का विस्तृत वर्णन किया गया है। आशा है, पाठकों को यह पुस्तक रोचक एवं ज्ञानवर्द्धक लगेगी और प्रो. हॉकिंग से संबद्ध उनकी सभी जिज्ञासाओं को शांत करेगी।

–महेश शर्मा

सूची-क्रम

जीवनी खंड

1

आरंभिक जीवन

दूसरे महायुद्ध के दौरान 8 जनवरी, 1942 को स्टीफन हॉकिंग का जन्म हुआ। उनके माता-पिता फ्रेंक एवं इसोबेल की स्थिति सामान्य थी। दोनों ऑक्सफोर्ड में पढ़े थे। जनवरी 1942 में वे लंदन के हायगेट नामक उत्तरी उपनगर में रहते थे, जहाँ हर रोज रात के समय शत्रु के हवाई जहाजों से बमवर्षा होती रहती थी। परंतु वे कैंब्रिज और ऑक्सफोर्ड विश्वविद्यालय के शहरों पर बमवर्षा नहीं करते थे। यही कारण था कि फ्रेंक एवं इसोबेल दंपती ने ऑक्सफोर्ड जैसे सुरक्षित स्थान में संतान को जन्म देना तय किया। सन् 1950 तक हॉकिंग परिवार हायगेट (लंदन) में ही रहता था। इस दौरान स्टीफन की दो बहन का जन्म हुआ। जब छोटे भाई एडवर्ड का जन्म हुआ, तब स्टीफन तेरह वर्ष के थे।

स्टीफन के माता-पिता (इसोबेल और फ्रेंक) अमीर नहीं थे। फ्रेंक यार्कशायर के प्रगतिशील किसान के पोते थे। उन्नीसवीं शताब्दी के आरंभ में कृषि विषयक मंदी में उनके दादा कंगाल हो गए। इसोबेल सात संतानोंवाले परिवार की कन्या थीं। उनके पिता ग्लासगो में डॉक्टर थे। उनके लिए परिवार के किसी भी सदस्य को उच्च शिक्षा के लिए ऑक्सफोर्ड भेजना संभव नहीं था। फिर भी उन्होंने अपनी बेटी को वहाँ भेजा। फ्रेंक इसोबेल से पहले ही ऑक्सफोर्ड में पढ़ रहे थे। उन्होंने औषध-विज्ञान में उपाधि प्राप्त की थी और वे उसके विशेषज्ञ भी थे। महायुद्ध के दौरान वे पूर्वी अफ्रीका में थे। युद्धकाल में राष्ट्र-कार्य हेतु स्वयंसेवक बनने के उद्देश्य से जहाज द्वारा वे अपने देश लौट आए। लेकिन सेना में भरती करने के बजाय उन्हें डॉक्टरी सहायक का काम दिया गया।

स्टीफन हॉकिंग (बाएँ) अपनी बहन मेरी के साथ वर्ष 1948 में

ऑक्सफोर्ड से डिग्री प्राप्त करने के बाद इसोबेल ने कई स्थानों पर नौकरी की। वे टैक्स संकलन विभाग में इंस्पेक्टर बनीं। परंतु शीघ्र ही उस नौकरी से तंग आ गईं और उसे छोड़कर वे सेक्रेटरी की नौकरी करने लगीं। यह बदलाव उनके लिए भाग्यशाली सिद्ध हुआ, क्योंकि इसी के कारण उनका परिचय फ्रेंक हॉकिंग से हुआ।

हॉकिंग का परिवार छोटा ही था। घर में अच्छी किताबों की भरमार थी। फ्रेंक और इसोबेल शिक्षा के महत्त्व को समझते थे। ग्यारह वर्षीय स्टीफन को वे लंदन के विख्यात पब्लिक स्कूल में पढ़ने के लिए भेजना चाहते थे। फ्रेंक को हमेशा ऐसा लगता था कि कम योग्य होते हुए भी उसके अनेक मित्र उससे बहुत आगे निकल गए थे। इसका कारण वे उनकी आर्थिक संपन्नता और सामाजिक स्तर को मानते थे। पिता की गरीबी के कारण जिस प्रकार उनकी शैक्षिक प्रगति में अवरोध उत्पन्न हुआ था, वैसा उनके बेटों के संबंध में न हो; इसलिए वे चाहते थे कि उनका बेटा प्रतिष्ठित स्कूल में पढ़े। दुर्भाग्यवश छात्रवृत्ति की परीक्षा से कुछ दिन पूर्व ही स्टीफन बीमार पड़ गए। अंततः वे गाँव के सेंट इब्बन स्कूल में भरती हुए। फ्रेंक को विश्वास था कि यहाँ भी उन्हें लंदन के स्कूल जैसी ही शिक्षा मिलेगी।

स्कूल में ही स्टीफन के मन में आंतरिक आकलन शक्ति के बारे में

आकर्षण पैदा हुआ। पासे फेंकते समय स्टीफन और उनके दोस्त उन्हें अपने मन द्वारा नियंत्रित करने का प्रयास करते थे। स्टीफन ने इस क्षेत्र के एक जानकार एवं विद्वान् व्यक्ति का व्याख्यान सुना, जिससे उनके मन में इस शक्ति के प्रति घृणा पैदा हो गई। अमेरिका से आए हुए उस अतिथि व्याख्याता ने बड़ी मजेदार बात बताई। उन्होंने एक प्रयोग किया। प्रत्यक्ष प्रयोग से ठीक-ठीक परिणाम निकले, जबकि उस समय प्रयोग की तकनीक दोषपूर्ण थी। लेकिन जब तकनीक दोषरहित अर्थात् पूरी तरह से ठीक थी, तब परिणाम सही प्राप्त नहीं हुए। स्टीफन ने निष्कर्ष निकाला कि आंतरिक आकलन शक्ति केवल कल्पना है। तब से उनकी यह दृढ़ धारणा बन गई कि मनोवैज्ञानिकों द्वारा इंद्रियगोचर द्वारा प्रस्तुत किए गए निर्णय बेबुनियाद होते हैं। उस समय स्टीफन की आयु मात्र पंद्रह वर्ष थी।

स्टीफन को खेल-कूद में अधिक रुचि नहीं थी, परंतु नाव खेने में उन्हें पढ़ाई से अधिक आनंद आता था। सुबह के समय बोटिंग के लिए अनेक लोग उपस्थित होते थे। उस समय चारों ओर धुंध होने के कारण नाव चलाना अधिक कष्टदायक होता था; परंतु सभी को बहुत आनंद आता था। इस प्रकार एकत्रित होने का परिणाम यह हुआ कि स्टीफन की अनेक लोगों से मित्रता हो गई। इनमें से अनेक प्रतिष्ठित विश्वविद्यालय के लोकप्रिय सदस्य थे। अनेक प्रतियोगिताओं में उनका खेल सराहनीय रहा। यद्यपि खेल में स्टीफन कभी सफल नहीं हुए, लेकिन उनका कार्य प्रतिस्पर्धा पैदा करनेवाला सिद्ध हुआ।

शर्त

बारह वर्ष की आयु में स्टीफन के दो मित्रों ने परस्पर शर्त लगाई। एक का कहना था कि 'स्टीफन अपने जीवन में कुछ भी नहीं कर पाएगा।' दूसरे ने कहा कि 'मैं इस बात से सहमत नहीं हूँ।' दोनों के विवाद ने इसे शर्त का रूप दे दिया। पुरस्कारस्वरूप चॉकलेट का एक डिब्बा रखा गया।

युवावस्था के दौरान स्टीफन में कुछ भी विलक्षण नहीं था। संयोगवश वे बुद्धिमान थे, फिर भी उनमें कुछ विशेष उल्लेखनीय नहीं था। अन्य अंग्रेज बच्चों की तरह वे भी साधारण ही थे। कक्षा में उनकी गिनती पहले पाँच योग्य छात्रों में भी नहीं थी। लेकिन घड़ी और रेडियो किस प्रकार कार्य करते हैं—इसे देखने, जानने और इसकी भीतरी संरचना को समझने की उनमें जिज्ञासा थी। वे घड़ी और रेडियो के पुरजों को अलग-अलग कर देते थे,

परंतु बाद में उन्हें ठीक तरीके से यथावत् बिठाना शायद ही कभी उन्हें आता था। खेल में उनकी कोई रुचि नहीं थी, इसलिए उनके साधारण होने की शर्त लगानेवाले मित्र को अपनी जीत पर पूरा विश्वास था। दूसरे मित्र ने स्टीफन के माता, पिता एवं अध्यापकों को उनके न दिखनेवाले गुणों को पहचान लिया था। चॉकलेट का वास्तविक विजेता वही था। उसकी धारणा और विश्वास अब सर्वमान्य हो चुके हैं। दुनिया के अत्यंत बुद्धिमान् वैज्ञानिकों के रूप में स्टीफन लोकप्रिय हैं।

सेंट एल्बन के घर में बारह वर्ष की आयु में स्टीफन

आठ-नौ वर्ष की आयु में ही स्टीफन ने वैज्ञानिक बनना तय कर लिया था। विज्ञान के कारण उन्हें सत्य ज्ञात होगा–केवल घड़ी और रेडियो के विषय में नहीं बल्कि चारों ओर की सभी वस्तुओं के बारे में भी। उनके पिता की इच्छा थी कि वे जीव वैज्ञानिक बनें। स्टीफन का कहना था कि 'जीव-विज्ञान सुनिश्चित एवं अचूक न होने के कारण मेरे लिए उपयुक्त नहीं है।' इस विज्ञान के अंतर्गत पेड़-पौधों का निरीक्षण कर उनका गहराई से अध्ययन करना था। इसके लिए अच्छी ड्राइंग जरूरी थी, परंतु इसमें स्टीफन काफी पीछे थे। कारणों की जड़ तक जाने और कार्य-परंपरा के अचूक उत्तर देनेवाले विज्ञान में उनकी विशेष रुचि थी। तब जीव-विज्ञान आज जितना विकसित नहीं था। गणित, गहन गणित और पदार्थ विज्ञान के साथ खेलते-खेलते चौदह वर्ष की आयु में उन पर इन विषयों का जुनून सवार हो गया। पहले-पहल उनके पिता को उनकी यह रुचि अव्यवहार्य लगती थी। गणित के बल पर अध्यापक के अतिरिक्त कोई अन्य नौकरी मिलना कठिन था।

आखिरकार निश्चित हुआ। रसायन-विज्ञान, पदार्थ-विज्ञान और गणित–इस प्रकार का पाठ्यक्रम पूरा करने के लिए स्टीफन ने ऑक्सफोर्ड विश्वविद्यालय जाने का निश्चय किया। अंततः सत्रह वर्ष की आयु में प्राकृतिक विज्ञान सीखने के लिए उन्होंने ऑक्सफोर्ड में दाखिला लिया। कक्षा में सभी सहपाठी उनसे

बड़ी उम्र के थे। उन्होंने दो-तीन वर्ष सेना में भी काम किया था और बाद में विश्वविद्यालय में प्रवेश लेकर शिक्षा ग्रहण कर रहे थे। इसलिए आरंभिक डेढ़ वर्ष की अवधि स्टीफन के लिए उबाऊ थी। पढ़ाई में डूबकर इस बोरियत को दूर करना संभव नहीं था। फिर उन्हें यह विश्वास था कि ज्यादा पढ़ाई न करके भी वे अपने सहपाठियों को पीछे छोड़ सकते हैं। पहला वर्ष सुस्ती में गुजर गया, लेकिन दूसरे वर्ष उनमें बहुत सुधार आया, जिसने उनके प्राध्यापकों का ध्यान भी खींचा। वे बहुत उत्साही एवं चुस्त दिखने लगे। वहाँ के वातावरण में वे हिल-मिल गए। लंबे बाल और खुशमिजाज रहना उनकी पहचान थी, जो उनकी लोकप्रियता का कारण बनी। विज्ञान के प्रति उनके मन में बड़ी रुचि और लगन थी।

पता नहीं क्यों, लेकिन उन दिनों बहुत अध्ययनशील होना और खूब पढ़ाई करना ऑक्सफोर्ड विश्वविद्यालय में लोकप्रिय नहीं था। अगर आप बुद्धिमान हैं तो बिना प्रयास किए उच्च श्रेणी प्राप्त करें। यदि बुद्धिमान नहीं हैं तो न्यूनभाव का अहसास रखकर इसी में संतोष करें। बिना पढ़ाई किए परीक्षा में सफलता प्राप्त करने योग्य बुद्धिमानी का होना आवश्यक है। बहुत परिश्रम, अथक पढ़ाई–ये सब बुद्धिहीन व्यक्ति के काम हैं, इस प्रकार की मान्यता सर्वत्र व्याप्त थी। एक दिन उन्होंने पूरा उत्तर लिखा हुआ कागज तोड़-मरोड़कर कूड़े की टोकरी में फेंक दिया।

ऑक्सफोर्ड का पाठ्यक्रम ही ऐसा तैयार किया गया था कि उसे पूरा करने के लिए ज्यादा श्रम की आवश्यकता नहीं थी। पाठ्यक्रम तीन साल का था और इसके बाद में परीक्षा होनी थी। स्टीफन दिन में केवल एक घंटा पढ़ते थे। इस तरह तीन वर्षों में उन्होंने एक हजार घंटे पढ़ाई की। वे बड़े गर्व से कहा करते थे कि 'मुझे श्रम न करने की वृत्ति पर गर्व नहीं है। लेकिन मेरे सभी मित्रों का पढ़ाई न करने की ओर रुझान था। मेरी बीमारी का एक लाभ यह हुआ कि आगे जल्दी आनेवाली मृत्यु के कारण जीवन में बहुत कुछ करना है, मुझे इस बात का अहसास होने लगा। बहुत कुछ करना शेष है और समय बहुत कम है–यह भी मेरे ध्यान में आया।' उनके शिक्षक कहा करते थे कि वे पुस्तक नहीं पढ़ते, कक्षा में नोट्स नहीं लेते, बल्कि पुस्तक में होनेवाली गलतियाँ ढूँढ़ने में उन्हें अधिक आनंद आता है।

ऑक्सफोर्ड में तीसरे वर्ष के प्रमुख विषय के रूप में स्टीफन ने कॉस्मोलॉजी का चयन किया। यह विज्ञान ब्रह्मांड की उत्पत्ति और घटना से संबंधित है। ब्रह्मांड कहाँ से आया? उसका निर्माण कैसे हुआ? इस प्रकार के

ऑक्सफोर्ड के स्नातक सन् 1962 में

गहनतम प्रश्न उन्होंने इस क्षेत्र में उठाए। उन्होंने पी-एच.डी. करने के लिए कैंब्रिज विश्वविद्यालय में प्रार्थना-पत्र दिया। वहाँ पर प्रो. फ्रेड का मार्गदर्शन प्राप्त करने का प्रयास किया। प्रो. फ्रेड ने सूचित किया कि 'यदि ऑक्सफोर्ड में प्रथम श्रेणी प्राप्त करोगे, तभी मेरे पास अनुसंधान के लिए प्रवेश मिलेगा।' ऑक्सफोर्ड में प्रथम श्रेणी प्राप्त करने के लिए एक हजार घंटे की पढ़ाई और तैयारी बहुत कम थी। लेकिन ऑक्सफोर्ड की परीक्षा-पद्धति अलग थी, जो उनके लिए आशा की किरण बनी। परीक्षा में कई प्रश्न और उदाहरण दिए जाते थे, जिनमें से विद्यार्थी को प्रश्नों का चयन करने की स्वतंत्रता होती थी। इन्हें सुलझाने के लिए केवल घटनाओं की जानकारी अपेक्षित होती थी। स्टीफन को विश्वास था कि प्रश्नों के चयन के बजाय सैद्धांतिक पदार्थ विज्ञान के उदाहरण हल करने चाहिए और उन्हें वे कर सकेंगे। जैसे-जैसे परीक्षा पास आने लगी, वैसे-वैसे उनका आत्मविश्वास कम होने लगा। परीक्षा के पूर्व की रात को घबराहट के कारण उन्हें ठीक से नींद भी नहीं आई। प्रश्नपत्र साधारण रहे। परीक्षकों ने उन्हें बुलाकर भविष्य की योजनाओं के बारे में पूछा। भविष्य की अनिश्चितता होने पर भी स्टीफन का आत्मविश्वास सराहनीय था। उनका उत्तर था, ''यदि प्रथम श्रेणी मिलेगी तो मैं कैंब्रिज जाऊँगा और यदि द्वितीय श्रेणी मिली तो ऑक्सफोर्ड में ही रहूँगा।'' उनका यह जवाब उस समय उनके मित्रों में बहुत लोकप्रिय हुआ था।

उन्हें प्रथम श्रेणी मिली। उनके मार्गदर्शक डॉ. बरमान ने कहा, ''परीक्षकों का ध्यान इस बात पर था कि उनके सामने बैठा हुआ विद्यार्थी उनसे भी कितना अधिक बुद्धिमान है।''

□

2

कैंब्रिज में प्रवेश और असाध्य रोग

सन् 1962 में स्टीफन कैंब्रिज आए। उनका पहला वर्ष बहुत खराब रहा। गुरु के रूप में प्रो. फ्रेड नहीं मिले, उनके स्थान पर उन्हें डॉ. सिकियामा को सौंपा गया। उसी समय से उनके क्रियाकलाप बड़बड़ होने लगे। सर्दियों में घर जाने पर उनसे जूते के फीते बाँधना भी मुश्किल होने लगा। पुत्र में आया बदलाव पिता फ्रेंक के ध्यान में आया। वे उन्हें फैमिली डॉक्टर के पास ले गए। उन्होंने उन्हें विशेषज्ञ के पास भेजा। शारीरिक जाँच के बाद स्पष्ट हो गया कि स्टीफन असाध्य रोग से ग्रस्त हैं। यह रोग 'एक्थोट्रोफिक लेटरल स्केलेरोसिस (ALS) कहलाता है। इसमें शरीर के स्नायुओं से नियंत्रण हट जाता है तथा स्नायुओं से कार्य करनेवाला दिमाग का हिस्सा भी बेकार हो जाता है। दुर्बलता, हकलाकर बोलना और निगलते समय तकलीफ होना आदि इसके आरंभिक लक्षण हैं। आगे चलकर धीरे-धीरे चलना, बोलना आदि सबकुछ बंद हो जाता है। अंत में श्वास-प्रश्वास करानेवाले स्नायु भी पूर्णतः दुर्बल हो जाते हैं और रोगी घुटकर मर जाता है। इसमें दिमाग अंत तक ठीक रहता है। कुछ रोगियों के लिए यह स्थिति लाभकारी होती है तो कुछ के लिए भयावह। अंतिम समय में रोगी को मार्फिन का इंजेक्शन लगाया जाता है। इसलिए नहीं कि बीमारी की वेदना कम हो, बल्कि घबराहट और उदासीनता से रोगी दूर रहे।

कभी ठीक न होनेवाली, मृत्यु को पास बुलानेवाली बीमारी से मैं ग्रस्त हूँ—यह खबर ही भयावह आघात देनेवाली थी। मैं ही इस रोग से ग्रस्त क्यों

हुआ हूँ? कितने दिनों के बाद मेरी स्थिति दयनीय हो जाएगी? स्टीफन के दिमाग में ऐसे अनगिनत प्रश्न उठ रहे थे। डॉक्टर का कहना था कि स्टीफन पी-एच.डी. का अनुसंधान जारी रखें, बीच में उसे खंडित न करें। अनुसंधान कार्य भी लड़खड़ाते हुए ही हो रहा था। बीमारी के साथ-साथ इस बात के अहसास से उनको बहुत दु:ख होता था कि उपाधि प्राप्त होगी, तब मैं जीवित ही नहीं रहूँगा, फिर उसे प्राप्त करने के लिए इतने प्रयास क्यों? जब मेरा शरीर मृत्यु की ओर बढ़ रहा है तब ऐसे समय बुद्धि को पकड़कर रखने का प्रयास भी पागलपन ही तो नहीं है? इस प्रकार के अनेक विचारों के कारण हॉकिंग डिप्रेशन में चले गए तथा अत्यधिक शराब पीने लगे। उनके मित्रों के अनुसार, "वे घंटों तक वैग्नर का संगीत सुनते रहते थे।" लेकिन इस बात को अस्वीकार करते हुए हॉकिंग कहते थे-"यह महज गलत प्रचार है कि मैं खूब पीने लगा। बोरियत महसूस होने पर मैं संगीत सुना करता था।"

बीमारी का निदान होने से पूर्व स्टीफन जीवन से ऊब चुके थे। कुछ भी करने में उनका मन नहीं लगता था। परंतु अस्पताल से लौटने पर सहसा एक दिन उन्हें महसूस हुआ कि वे कई अच्छे कार्य कर सकते हैं। लगने लगा कि उन्हें दूसरों की जान बचाने के लिए स्वयं के जीवन का परित्याग करना चाहिए। डॉक्टरों को लगता था कि हॉकिंग की यह स्थिति स्थिर रहेगी। लेकिन रोग आकस्मिक रूप से बढ़ता गया। उन्होंने स्पष्ट कर दिया कि वे केवल दो साल तक ही जीवित रहेंगे। यह जानकर फ्रेंक ने उनके मार्गदर्शक डॉ. सिकियामा को संदेश भेजा कि उनके बेटे का अनुसंधान जल्दी पूरा करवाया जाए। लेकिन उनकी कार्य-शक्ति को देखकर सिकियामा ने फ्रेंक की बात को यह कहते हुए मानने से इनकार कर दिया-"वह भले ही मरनेवाला हो, तो भी मैं कार्य के संबंध में कोई समझौता नहीं करूँगा और न ही कम काम से सहमत होऊँगा।"

दो साल बीते। इस दौरान बीमारी बढ़ी नहीं, अपितु उसका बढ़ना रुक गया। हॉकिंग को (पहले से भी अधिक) जीवन में आनंद आने लगा। सहारे के लिए उन्हें लाठी का प्रयोग करना पड़ता था, परंतु स्थिति पूरी तरह से नियंत्रण में थी। वे पूर्णत: विकलांगता और मृत्यु के बिलकुल नजदीक नहीं थे। अब वे जीवित रहनेवाले हैं, अत: अब जीवन में रस आवश्यक था।

जनवरी 1963 के नववर्ष की पार्टी के अवसर पर एक जेन वाइल्ड नामक युवती से उनका परिचय हुआ। उसे यह उखड़ा हुआ सनकी अत्यंत असाधारण और दिलचस्प लगा। उनका सहज विनोद और खुशदिल स्वभाव जेन को हमेशा अच्छा लगता था। हॉकिंग ने उसे बताया कि वे ब्रह्मांड की उत्पत्ति

सन् 1965 में जेन वाइल्डे से विवाह

का अध्ययन कर रहे हैं परंतु इस विषय से वह बिलकुल अनजान थी। अस्पताल से लौटने पर उनकी मुलाकातें होने लगीं। उनकी स्थिति दयनीय एवं करुण थी। जेन को महसूस हुआ कि हॉकिंग की जीने की इच्छा खत्म हो चुकी है। उसे वे बहुत ही उलझे हुए लगे। जेन को लगने लगा कि यदि हम दोनों जीवन में एक हो जाएँ तो बहुत कुछ अच्छा हो सकता है। वह अपने जीवन को नया अर्थ देना चाहती थी। स्टीफन की देखभाल करना, उनका खयाल रखना उसके जीवन का लक्ष्य है। दोनों एक-दूसरे को प्यार करने लगे। उनका विवाह हुआ; दोनों में उत्साह जगा; जीने का एक उद्देश्य मिला। हॉकिंग ने निश्चय कर लिया कि वे जिएँगे। अब पढ़ाई में प्रगति होने लगी।

कितना भाग्यशाली हूँ मैं! रोग ने मेरे मन और बुद्धि को स्पर्श तक नहीं किया। शरीर विकलांगता से कितना भी पीड़ित हो, लेकिन मेरी बुद्धि तो तरोताजा है। जीवन इतना सख्त नहीं होता तो इतना सुंदर भी नहीं होता। जो कुछ भी प्राप्त है, उसी स्थिति में अधिकाधिक अच्छे तरीके से जीने का प्रयास करना मनुष्य के हाथ में होता है, तभी तो सैद्धांतिक विज्ञान उनकी बुद्धि को प्रोत्साहित करने वाला रहा। हॉकिंग की ओर देखने पर ध्यान में आता है कि विकलांगता हमारे जीवन में कितनी मामूली बात है। उन्हें बीमार कहना भी गलत है। शरीर की स्थिति और स्वास्थ्य का विचार करने पर 'हॉकिंग सबसे तंदुरुस्त व्यक्ति हैं', यही संदेश और विचार उनके लेखन एवं व्यवहार में स्पष्ट दिखाई देता है। उनके निकट रहनेवाले व्यक्तियों को इसका निरंतर अनुभव होता है।

□

3

जीवंत व्यक्तित्व

सन् 1960 के बाद हॉकिंग की शारीरिक स्थिति फिर खराब हुई। रोग ने छलाँग लगाई और उनके लिए बैसाखी का प्रयोग अनिवार्य हो गया। कुछ महीनों के बाद उनका हिलना-डुलना भी बंद हो गया। पहले बैसाखियों द्वारा सीढ़ियाँ चढ़कर अपने बिस्तर तक पहुँचने में पंद्रह मिनट लगते थे, लेकिन अब सबकुछ स्थिर हो गया। हॉकिंग रोग को स्वयं पर हावी नहीं होने देना चाहते थे। सुविधाओं से उनका जीवन सुखकर होता और अन्य लोगों की तकलीफ भी कम होती। लेकिन किसी भी प्रकार की सुविधा लेना अपनी हार मान लेने जैसा था। ऐसा वे अकसर कहते थे–"कोई इसे दृढ़ निश्चय कहेगा तो कोई अड़ियलपन। लेकिन दृढ़ निश्चय और अड़ियलपन के आधार पर ही मैंने आज तक जीवनयापन किया है।" रोग के चलते किसी प्रकार की सुविधा लेना हॉकिंग को स्वीकार नहीं था। जेन भी उनके प्रति किसी प्रकार की छूट न देकर सामान्य रही। यही उसकी भलाई का रास्ता था। इसलिए उसके लिए अपने पति का जीवन आम आदमी जैसा रखना संभव हुआ।

हॉकिंग ब्रह्मांड-निर्माण पर पी-एच.डी. कर रहे थे। यह कैसे हुआ? क्यों हुआ? महत्त्वपूर्ण प्रश्न था कि क्या यह वास्तव में निर्मित हुआ? इसी बीच उन्होंने रोजर पेनरोज का व्याख्यान सुना। उन्हें लगा कि किसी एकाध सितारे का अणु-ईंधन खत्म होने पर वह सितारा छोटा-छोटा होते-होते समाप्त हो सकता है। यही पूरे ब्रह्मांड का आधार हो सकता है। उनके द्वारा लिखित प्रबंध पर उन्हें डॉक्टरेट की उपाधि मिली। सन् 1974 में आपेक्षिकता का सिद्धांत (Principle of Relativity) और पुंज सिद्धांत (Mass Principle)–दोनों को उन्होंने एकत्रित करने का प्रयत्न आरंभ किया। अति सूक्ष्म कण अपने नित्य के सामान्य भौतिक

जीवटता : नौकायन करते हॉकिंग

नियमों का पालन नहीं करते। इन कणों का निर्माण आकाश में हो सकता है। उनकी गति और अस्तित्व नित्यप्रति बदलते रहते हैं और इन बदलावों के घटित होने में एक सेकंड की अवधि आवश्यक होती है। ये कण निरंतर जोड़ी के रूप में निर्मित होते रहते हैं और परस्पर टकराकर नष्ट होते हैं। हॉकिंग ने निष्कर्ष प्रस्तुत किया कि इनमें से एक कण कुछ विपरीत दिशा में खिंच जाता है और दूसरा बाहर फेंका जाता है। आपेक्षिकता सिद्धांत और पुंज सिद्धांत दोनों को एकत्रित करने का प्रयास ही ग्रैंड युनिफिकेशन थ्योरी अर्थात् 'महाएकीकृत सिद्धांत' कहलाया।

उन्होंने अपना 'कृष्ण विवर विस्फोट सिद्धांत' विज्ञान सम्मेलन में प्रस्तुत किया, जो अनेक विद्वानों की बुद्धि से परे था। वह जिनको समझ में आया, वे भी इससे घबरा गए। सभा के अध्यक्ष लंदन विश्वविद्यालय के प्रोफेसर थे। वे उठकर परेशानी से बोल उठे, ''स्टीफन, तुम जो कह रहे हो, वह अर्थ-शून्य है; कूड़ाघर में फेंकने लायक है।''

हॉकिंग के उसी 'कूड़े' को विज्ञान की पत्रिका 'नेचर' ने प्रकाशित किया। कुछ ही दिनों में वह भौतिक वैज्ञानिकों की चर्चा का विषय बन गया तथा हॉकिंग का नाम दुनिया भर में प्रसिद्ध हो गया।

अब हॉकिंग एक सम्मानित एवं ख्याति-प्राप्त अनुसंधान-वैज्ञानिक के रूप में पहचाने जाने लगे।

□

4

हॉकिंग का ईश्वर

सन् 1970 के आरंभ में हॉकिंग अपने विभाग में व्हीलचेयर पर बैठकर जाते थे। पैरों से चलना उनके लिए असंभव हो गया था। उनके मित्र उन्हें इस हालत में देखकर बहुत दु:खी होते और उन पर तरस खाते थे। ऐसी हालत में भी उनकी कार्य-शक्ति तथा विनोद-बुद्धि ने उनका साथ नहीं छोड़ा था। स्टीफन और जेन, दोनों ने इस बीमारी के लिए उनके जीवन में निचला स्थान तय किया था। बढ़ता परिवार और व्हीलचेयर पर जकड़ा पति–यह कठिनतम काम जेन सँभालती थी। बच्चों को उनका बचपन मिलना चाहिए और पति भी अपना अनुसंधान कार्य कर सकें, इस बात का वह बहुत ध्यान रखती थी। वह कहा करती थी कि ईश्वर के प्रति उसकी अगाध श्रद्धा के कारण ही यह सब संभव हुआ।

परमेश्वर के प्रति उसकी अडिग आस्था और विश्वास में स्टीफन हिस्सेदार नहीं थे। पर स्टीफन के मन से परमात्मा बहुत दूर नहीं थे। ईश्वर की सर्वसाधारण धारणा की कल्पना किए बिना ब्रह्मांड-निर्माण के विषय में चर्चा करना कठिन है–यह विचार उन्होंने अपनी 'ए ब्रीफ हिस्ट्री ऑफ टाइम' नामक पुस्तक में प्रस्तुत किया है। वे कहते हैं कि ब्रह्मांड-निर्माण के बारे में मेरा शोध-कार्य धर्म व विज्ञान की सीमारेखा पर स्थित है और विज्ञान की सीमा में ही रहना मुझे पसंद है। उनका कहना है कि मैं नास्तिक नहीं हूँ; परंतु परमेश्वर संज्ञा मुझे भौतिकी विज्ञान के नियमों का प्रकटीकरण लगता है। छोटे से ग्रह पर हम मामूली से नगण्य प्राणी हैं। पृथ्वी एक सामान्य सितारों का ग्रह है और सूर्य लाखों आकाशगंगाओं में से एक के कोने में स्थित एक सितारा। इसी के कारण पृथ्वी के छोटे-बड़े प्राणियों की देखभाल करनेवाले ईश्वर में, उसके अस्तित्व

में विश्वास रखना कठिन प्रतीत होता है।

कुछ व्यक्तियों को जेन का यह विचार मान्य है कि स्टीफन का विचार परमेश्वर का सीमित विचार है। कई बुद्धिमान एवं व्यवहार-कुशल व्यक्तियों ने बताया कि उन्होंने स्वयं परमात्मा का अस्तित्व अनुभव किया है। उनका यह अनुभव क्या बुद्धि के बल पर (जान-बूझकर) की गई ठगी और वंचना माना जाए? हॉकिंग का एक वाक्य महत्त्वपूर्ण है, ''यदि वह नहीं होगा तो वाकई कोई तो विदेशी होना चाहिए।'' जेन के अनुसार, ''स्टीफन का यह कहना कि परमेश्वर में उनका विश्वास नहीं है, मुझे वेदना पहुँचाता था। उनका यह कहना मुझे उचित नहीं लगता था। उनके ध्यान में यह नहीं आता कि उनके गणित से जो सत्य प्राप्त होता है, वह पूर्णतः सत्य नहीं है।''

एक-दो वर्षों में जेन में कुछ लचीलापन आया। वह बोली कि स्टीफन

कैंब्रिज में अपनी कक्षा में प्रो. हॉकिंग : एक आरंभिक चित्र

के विचार उनकी स्थिति के कारण आए होंगे। परमेश्वर से संबंधित उनके विचार जनसाधारण के समान क्यों होने चाहिए?

विज्ञान-जगत् में किंवदंती

उस समय कैंब्रिज विश्वविद्यालय को प्रतीत हुआ था कि हॉकिंग के वहाँ आने से विश्वविद्यालय को ईश्वर की एक अनमोल भेंट मिली है। उनकी नियुक्ति से विश्वविद्यालय की ख्याति पहले से और अधिक बढ़ गई थी। तब तक हॉकिंग विज्ञान-जगत् में किंवदंती बन गए थे। विश्वविद्यालय ने उनके लिए किताब के पन्ने पलटनेवाली मशीन और कंप्यूटर-टर्मिनल उपलब्ध कराया। एक सुव्यवस्थित कमरा कार्यालय के इस्तेमाल के लिए दिया। सन् 1974 तक हॉकिंग अपने हाथ से खाना खा सकते थे, खुद बिस्तर तक जा सकते थे। परंतु उनके लिए दैनिक कार्यकलाप जैसे-जैसे मुश्किल होंने लगे, वैसे-वैसे उनका परिवार समझंता गया कि अब आगे चलकर वे स्वयं कुछ नहीं कर सकेंगे। इसलिए उनके शोध-सहायक की उनके साथ रहने की व्यवस्था की गई।

कुछ लोगों ने हॉकिंग को उनकी बीमारी का सकारात्मक पक्ष भी बताया। वे अपने दिन का पूरा समय केवल अनुसंधान कार्य में ही व्यतीत करते थे, जिससे उनके साथी प्राध्यापकों को बड़ी ईर्ष्या होती थी।

यदि आप कैंब्रिज में हॉकिंग की सराहना करने लगेंगे तो सुननेवाला निश्चित ही कहेगा, 'वास्तव में प्रशंसा की असली हकदार तो जेन हॉकिंग है।' उसने अपनी नौकरी छोड़ी, पति के जीने के लिए सबकुछ किया। इसलिए उसका कार्य पति से बढ़कर सराहनीय है। उसने तीनों बच्चों की परवरिश कर उन्हें योग्य बनाया। सन् 1970 से स्टीफन की कीर्ति उच्च शिखर तक पहुँच गई थी। अत्यधिक अनुशासनप्रिय होने के साथ-साथ वे विनोद-बुद्धि के वैज्ञानिक के रूप में प्रसिद्ध हुए।

इस काल में स्टीफन की सफलता और जीवनयापन जेन के बिना संभव नहीं था। लेकिन उनकी सफलता के पीछे कुछ ही सही, जेन का त्याग अवश्य है। इस बात को वे स्वीकार नहीं करते थे।

सन् 1974 में बत्तीस वर्ष की आयु में हॉकिंग रॉयल सोसाइटी के सम्मानित सदस्य के रूप में चुने गए। वे फैलो ऑफ रॉयल सोसाइटी (FRS) हुए। इसके हर सदस्य को सम्मानपूर्वक निमंत्रण देकर उसकी प्रतिष्ठापना की

अक्तूबर 2001 में कैंब्रिज यूनिवर्सिटी के सेंटर फॉर मैथमेटिकल स्टडी सेंटर में

जाती है तथा उसे एक रजिस्टर में हस्ताक्षर करने पड़ते हैं। इस रजिस्टर के पहले पन्ने पर आइजक न्यूटन के हस्ताक्षर हैं। परंपरा के अनुसार सम्मानित सदस्य मंच पर आकर हस्ताक्षर करते हैं। हॉकिंग के लिए इस नियम में कुछ परिवर्तन किया गया। वे धीरे-धीरे लिख सकते थे। पूरे हस्ताक्षर करने में उन्हें बहुत समय लगा। तब तक पूरे सभागृह में शांति छाई रही। हस्ताक्षर हुए, हॉकिंग ने सिर उठाया और सभी मान्यवरों ने स्फूर्ति में भरकर तालियों की गड़गड़ाहट से हॉल गूँजा दिया।

अनुसंधान के क्षेत्र में पूरे ब्रह्मांड में उनकी कीर्ति फैल गई। उन्हें छह सम्मानित उपाधियाँ मिलीं। विज्ञान के क्षेत्र में अमेरिका का सर्वोच्च सम्मान 'अल्बर्ट आइंस्टाइन पुरस्कार' मिला। लंदन की महारानी एलिजाबेथ ने 'कमांडर ऑफ द ब्रिटिश एंपायर' का सम्मान देकर उन्हें अपने नाम के साथ सम्मान का प्रतीक 'सी.बी.ई.' (CBE) लगाने की अनुमति दी।

ल्युकेशियन प्रोफेसर बने

इंग्लैंड के कैंब्रिज गाँव में एक सँकरा रास्ता है। ग्यारहवीं शताब्दी के सेंचुरी गिरजाघर के नीचे से यह रास्ता शुरू होकर आगे चलकर चौड़ा हो जाता है। हरियाली से सुशोभित इस रास्ते के एक छोर पर है कैप्वेंडिश प्रयोगशाला,

जो भौतिकी के अनुसंधान का बड़ा केंद्र है। इसी भवन में सर जे.जे. थॉमसन ने इलेक्ट्रॉन का आविष्कार किया; लॉर्ड रदरफोर्ड ने अणु संरचना के प्रयोग किए। इसी भवन के कॉमॉफ्ट लेक्चर हॉल में 29 अप्रैल, 1980 को अनेक वैज्ञानिक और विश्वविद्यालय के माननीय प्राध्यापक एकत्र हुए। उनके सामने दो मंजिला ऊँचा बोर्ड और स्लाइड दिखानेवाला परदा था। यह अवसर था–ल्युकेशियन प्रोफेसर के पद पर नवनियुक्त अड़तीस वर्षीय स्टीफन हॉकिंग के कार्यकाल के उद्‌घाटन भाषण का। व्याख्यान का विषय था–'क्या सैद्धांतिक भौतिक विज्ञान का अंत अब नजदीक आ गया है?' व्याख्यान में; जी हाँ, भौतिक विज्ञान का अंत पास आ गया है–इस आरंभिक वाक्य को सुनते ही उपस्थित नामी वैज्ञानिकों को धक्का लगा। वे दंग रह गए।

स्टीफन हॉकिंग व्हीलचेयर पर बैठे थे। उनके एक छात्र ने उपस्थित लोगों के समक्ष उनका भाषण प्रस्तुत किया। लोगों की दृष्टि में इस महत्त्वपूर्ण पद के लिए हॉकिंग का चयन उचित नहीं था। इक्कीस वर्ष की आयु में ही न्यूरॉन जैसे रोग ने उन्हें जकड़ लिया था। इसके परिणामस्वरूप उनकी स्नायु-नियंत्रण क्षमता धीरे-धीरे कम होने लगी। बीस वर्ष की आयु से ही शरीर की बढ़ती दुर्बलता और मौत की आहट ने उन्हें दहला दिया था। यद्यपि उनके रोग के बढ़ने की गति धीमी थी, परंतु जब वे ल्युकेशियन प्रोफेसर बने तब चलना, बोलना, खाना और सिर उठाना जैसे स्वाभाविक क्रियाकलाप ठीक से करने में भी वे असमर्थ हो गए थे। उनका उच्चारण स्पष्ट नहीं था। बिलकुल करीब के लोगों को ही उनके बोलने का अर्थबोध होता था। उन्होंने बहुत मुश्किल से अपने छात्रों को भाषण 'डिक्टेट' किया था। पारिवारिक दृष्टि से विकलांग होते हुए भी वे स्वयं को विकलांग नहीं मानते थे। वे सक्रिय बुद्धिमान, गणितज्ञ और भौतिक वैज्ञानिक थे। कुछ लोगों की राय में आइंस्टाइन के बाद हॉकिंग ही सबसे अधिक श्रेष्ठ बुद्धिमान व्यक्तित्व हैं। ल्युकेशियन प्रोफेसर अत्यंत प्रतिष्ठित पद है। पूर्व में इसे सर आइजक न्यूटन ने सुशोभित किया था। उनके शोधकार्य का अंत अब पास आ गया है, उन्होंने यह कहने की हिम्मत दिखाई, वह भी अपने सम्मानित पद को ग्रहण करते समय। वास्तव में बुद्धिमत्ता, हिम्मत और धैर्य ही जीवन की जटिल लड़ाई में उनके सहायक रहे हैं।

कैंब्रिज में दिनचर्या

प्रो. हॉकिंग कैंब्रिज विश्वविद्यालय के अपने विभाग में हर रोज सुबह

ग्यारह बजे अपनी व्हीलचेयर पर बैठकर आते हैं। उनके केबिन के बाहर बोर्ड लगा है–'शांति रखिए, सर सो रहे हैं।' अर्थात् यह सिर्फ विनोद है, क्योंकि वे ऑफिस में कभी नहीं सोते, सदैव जाग्रत् रहते हैं। उनसे मिलने के लिए आग्रह, प्रोफेसरों के साथ चर्चा, मुलाकातें तथा सेमिनार आदि की बातें निरंतर जारी रहती हैं। उनके बच्चों की तसवीरें मेज पर रखी हुई हैं; कारपेट पर हरे रंग के पत्तोंवाले गमले रखे हुए हैं और दरवाजे पर पूरी ऊँचाई में मर्लिन मुनरो की तसवीर लगी है। निकट ही प्रतिदिन की तरह एक परिचारिका खड़ी होती है। परिचारिका चाहे युवती हो या वृद्धा, वह अपना काम पूरी गंभीरता और मुस्तैदी से करती है। उनका चेहरा साफ रखना, बाल सँवारना, चश्मा साफ करना, होंठों पर आई लार पोंछना आदि जैसे काम उसे दिन भर करने पड़ते हैं। हॉकिंग का जीना पूर्णत: उन पर निर्भर है। वे जरा भी असहाय प्रतीत नहीं होते, बल्कि निरंतर अपने जीवन के स्वामी लगते हैं। उनके साथ रहना परिचारिकाओं एवं छात्रों को पुरस्कार जैसा लगता है, परंतु साथ ही सदा कुछ अपने हक की माँग करनेवाला लगता है। ठीक एक बजे वे व्हीलचेयर पर अन्य सहयोगियों के साथ भोजन करने बाहर आते हैं। परिचारिका उनके गले में 'नैपकिन' लगाती है और चम्मच से धीरे-धीरे खाना खिलाती है। भोजन करते ही वे तत्काल वापस आते हैं। व्हीलचेयर चलाने का बटन उनके पास होता है। उसे वे इतनी गति से चलाते हैं कि किसी समय सामने से आनेवाले वाहन से टकरा सकते हैं। दोपहर चार बजे वे चाय के लिए हॉल में आने से कभी नहीं चूकते। वहाँ वे अपने सहयोगियों के साथ कृष्ण विवर (ब्लैक होल) के बारे में चर्चा करते हैं। चाय की मेज पर ही समीकरण लिखे जाते हैं। "उन्हें सुरक्षित रखना हो तो हम मेज पर लिखे हुए वाक्य की जेरॉक्स करते हैं।" मजाक में वे कहते हैं। इस अवधि में हॉकिंग स्वयं चार-पाँच शब्द ही बोलते हैं, परंतु वे शब्द किसी अन्य व्यक्ति के घंटे भर के व्याख्यान से अधिक मौलिक और अर्थपूर्ण होते हैं। कम शब्दों में पूर्णत: नवीन संकल्पना प्रस्तुत करने में हॉकिंग पारंगत हैं। शब्दों के इस्तेमाल में वे बहुत कंजूस हैं। इसलिए उनका प्रत्येक शब्द अत्यंत विचारणीय होता है। ठीक 4.30 बजे वे ऑफिस लौटते हैं। रात के सात बजे तक वहीं रुकते हैं। रात को कहीं संगीत सभा हो तो वहाँ जाते हैं, परंतु काम समाप्त होने के बाद।

असीम प्रेम और प्रशंसा से ओतप्रोत मुलाकातें, टी.वी. के कार्यक्रमों में किसी 'हीरो' जैसे प्राप्त सम्मान आदि का प्रभाव तो उनपर होना स्वाभाविक ही है। इस संदर्भ में हॉकिंग कहा करते हैं कि सफलता को दिमाग पर सवार न होने देने के लिए व्यक्ति में संन्यास जैसी वृत्ति होनी चाहिए। पिछले पचास वर्षों

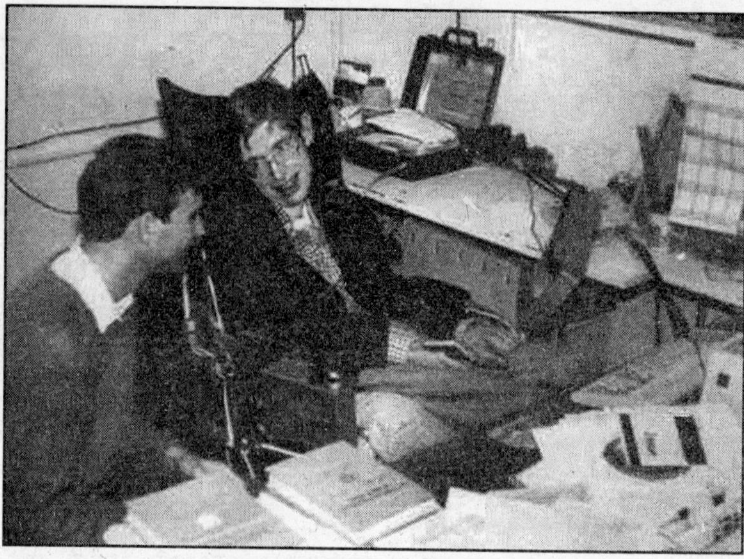

प्रो. स्टीफन हॉकिंग कैंब्रिज विश्वविद्यालय के अपने कार्यालय में

से वे दुनिया को बताते रहे हैं कि 'मैं प्रतिमानव नहीं हूँ।' अब तो उनकी प्रतिमा अतिमानव जैसी हो गई है। विरोधियों के अनुसार इस प्रकार की अतिमानवता का विरोध उन्होंने कभी नहीं किया। लेकिन कोई विरोध क्यों करेगा? "जब लोग मुझे बहुत धैर्यशील कहते हैं, तब मुझे बहुत संकोच महसूस होता है। उस स्थिति में मुझसे जितना हो सके उतना मैंने किया।" इस प्रकार के कथन जनसाधारण को विनम्रता के द्योतक लगते हैं, जबकि विरोधियों को यह 'हीरोगिरी' लगती है। आखिरकार आलोचना से कौन बचा है? बस, यह कहकर संतोष कर लेना चाहिए।

स्टीफन हॉकिंग की ख्याति से विकलांगों को सांत्वना मिली। सन् 1990 के जून में दक्षिण कैलिफोर्निया विश्वविद्यालय में विकलांगों की परिषद् में उन्होंने मौलिक विचार प्रस्तुत किए। उनके अनुसार, "विकलांग बच्चों को सामान्य, स्वस्थ, समान आयु के बच्चों के साथ हिलने-मिलने दीजिए। बचपन से ही यदि उनके लिए अलग स्कूल हो तो मानवीय प्रवाह से वे कब तालमेल करेंगे? यह तो वर्णसंकर के विरोध की नीति हुई। मैं खुशनसीब हूँ कि यह रोग मुझे युवावस्था में हुआ। यदि बचपन में ही हो जाता तो जीवन का आनंद मुझे कभी नसीब नहीं होता।"

□

5

असहज पारिवारिक जीवन

सन् 1974 तक हॉकिंग अपने हाथ से खाना खा सकते थे; बिस्तर पर सोना-उठना आदि स्वयं कर सकते थे। लेकिन बाद में उनके लिए ये कार्यकलाप करना दूभर होने लगा। यह देखकर कि स्टीफन का अकेले रहना अब मुश्किल है, जेन हॉकिंग ने उनके शोध-सहायक को घर में ही रख लिया। उस पर केवल शारीरिक कार्य में स्टीफन की मदद करने का दायित्व था। स्टीफन को ले जाकर बिस्तर पर सुलाना भी उसी का काम था।

हॉकिंग अपने पुत्र टिम और पत्नी जेन के साथ

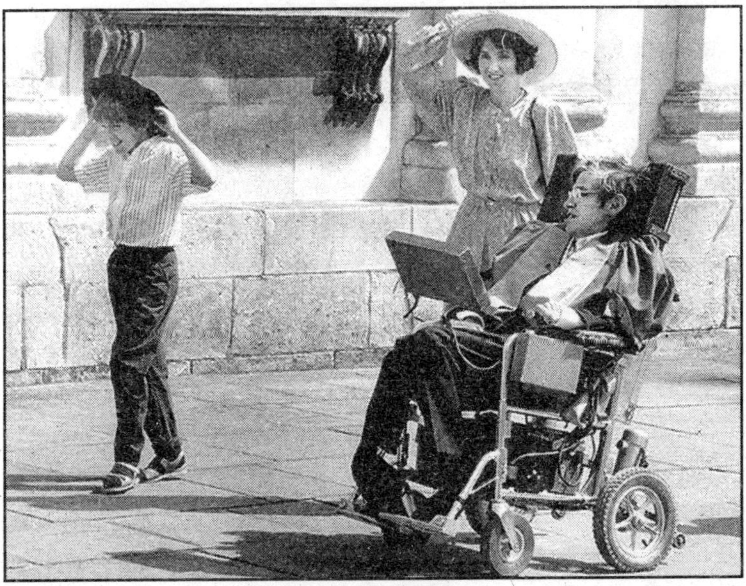

स्टीफन अपने बच्चों के साथ खेल नहीं सकते थे। अतः जेन स्वयं स्टीफन की भूमिका अदा करती थी। उसी ने बच्चों को क्रिकेट खेलना सिखाया। जेन कहा करती थी–"अन्य स्त्रियों के पति अगर घर के कामों में जरा भी मदद करनेवाले न हों तो उन्हें गुस्सा आता है, परंतु मुझे नहीं आता।" घर के सभी दैनिक काम करने तथा घर-गृहस्थी सँभालने की पूरी जिम्मेदारी जेन पर ही थी। विवाह के समय पूर्व निश्चित इस वचन से बँधे होने का भी उसे अहसास था कि एक घर में रहेगा और एक बाहर। परंतु 1970 के दौरान चारों ओर का वातावरण बदल रहा था। अब घर-गृहस्थी सँभालना स्त्रियों का काम नहीं है, इस बात का अहसास होने लगा था। इसलिए घर का काम, वही रोजमर्रा का जीवन और उसके लिए अपने व्यक्तित्व का त्याग–इन बातों को स्वीकार करना अब उसके लिए मुश्किल होने लगा। वह अपने अपाहिज पति की मदद करती थी; उन्हें निरंतर प्रोत्साहन देती थी। परंतु इसे ही अपने जीवन का सर्वस्व मानना उसे मंजूर नहीं था। उसका अपना व्यक्तित्व कहीं खोता जा रहा है, यह भाव उसे सालने लगा था। उसके लिए मातृत्व भी महत्त्वपूर्ण था। लेकिन अपना व्यक्तित्व केवल बच्चों की परवरिश तक सीमित रखना उसे मंजूर नहीं था। फिर कैंब्रिज में रहना भी मुश्किल था।

विश्वविद्यालय परिसर में जेन का कार्य प्रशंसा के योग्य माना जाता था, परंतु वह इस प्रकार की ख्याति नहीं चाहती थी। कैंब्रिज से शिक्षित व्यक्ति को विश्व भर में शिक्षा के क्षेत्र में अग्रणी रहना चाहिए, इस प्रकार का एक आम दबाव रहता है। अतः उसने मध्यकालीन भाषा-विज्ञान विषय में पी-एच.डी. करना तय किया। वह स्कूल में शिक्षिका बनी।

रॉबर्ट, लूसी और टिम–हॉकिंग की तीन संतानें थीं। सन् 1980 में लूसी पंद्रह वर्ष का था। वह अपने भाई-बहन को लेकर मैदान पर खेलने जाया करता था। आयु से अधिक प्रौढ़, उत्साह से ओतप्रोत, चुस्त, समझदार प्रवृत्ति का लूसी विज्ञान में कभी तेज नहीं रहा। गणित में तो वह बहुत कच्चा था। लेकिन अपने प्रिय विषय में उसकी प्रगति सराहनीय थी। रॉबर्ट और लूसी की शैक्षणिक प्रगति जेन के लिए गर्व की बात थी। स्टीफन का भौतिक वैज्ञानिक के रूप में प्रस्तुत किया गया विचार अब आसमान छूने लगा था। अनुशासनप्रिय और विनोदी व्यक्ति के रूप में उनकी ख्याति थी। इसी दौरान जेन को निरंतर महसूस होता था कि 'मैंने इतने परिश्रम किए, कष्ट झेले, परंतु फिर भी पति के बड़प्पन और सफलता के कारण मुझे नजरअंदाज किया जाता रहा है।' इस प्रकार का अहसास जेन को निरंतर होता था। प्रत्येक गुण-संपन्न व्यक्ति की यही पीड़ा

पत्नी जेन के साथ भावुक पल

होती है। परिवार के अन्य सदस्यों को उसका काम आसान लगता है और उसी के कारण उसका प्रयास व त्याग किसी को विशेष लक्षणीय नहीं लगते। जो लोग जेन और उसके पति को जानते थे, उन्हें लगता था कि हॉकिंग की सफलता ही नहीं, अपितु उनका जीवन भी जेन के बिना संभव नहीं है। फिर भी हॉकिंग उसे अपनी सफलता में साझीदार मानने को तैयार नहीं थे और उनका गणितीय संभाषण जेन को नापसंद था।

दोनों ने आनंद और सुख के दिन बिताए। दोनों को शास्त्रीय संगीत में रुचि थी, अतः दोनों मिलकर संगीत सभा में जाते थे। दोनों को आतिथ्य करने में खुशी होती थी, इसलिए घर में बढ़िया दावत देने के मामले में उनकी विशेष पहचान थी।

सन् 1970 तक हॉकिंग संभाषण कर सकते थे। सन् 1970 के दशक

के अंतिम वर्ष और 1980 के आरंभ में उनका बोलना इतना अस्पष्ट होने लगा कि केवल परिवार के सदस्य और निकटतम मित्र ही उसे समझ सकते थे। उन्हें दुभाषिए के माध्यम से बोलना पड़ता था। शब्द के उच्चारण में बहुत समय लगता था। पहले शब्द और बाद में वाक्य बनाने में समय लगता था। लेकिन उनका एक-एक शब्द बहुत महत्त्वपूर्ण और अमूल्य होता था। वे अत्यंत कम शब्दों में बड़े अर्थ भर देते थे।

विवाह के बाद जेन का व्यवस्था-कौशल स्पष्ट हुआ। सप्ताह भर के सारे घरेलू काम करके उसने लंदन विश्वविद्यालय की उपाधि प्राप्त की। फिर पति के पी-एच.डी. शोध-प्रबंध के टंकण का भी काम किया। उसके बाद दोनों ने सही अर्थ में पारिवारिक जीवन को आरंभ करने के विषय में सोचा। परिणामस्वरूप पहला बेटा रॉबर्ट पैदा हुआ। सन् 1967 में डॉक्टर ने स्टीफन को दो वर्ष की अवधि दी थी, वह खत्म हुई; दो साल और बीते। अभी तक स्टीफन अपने पैरों पर खड़े रह सकते थे। अपने छोटे से बच्चे को देखकर उनमें जीने की लालसा एवं शक्ति पैदा हुई थी। सन् 1960 में वे सैद्धांतिक पदार्थ विज्ञान विभाग में काम करते थे। हाथ में लाठी लेकर बरामदे में घूमते रहते थे और कभी हाथ से दीवार का सहारा लेकर चल-फिर सकते थे। वे हकलाकर रुकते-रुकते बोलते थे। परंतु उनमें हिम्मत बहुत थी। दुनिया के विख्यात वैज्ञानिकों से वे सवाल पूछते थे। ऐसे वैज्ञानिकों के व्याख्यानों के बाद अन्य लोग मौन रह जाते थे, परंतु स्टीफन गहराई में जाकर उनसे अनेक प्रश्न पूछकर उन्हें परेशान कर देते थे। प्रश्न पूछते समय उनका आत्मविश्वास और हिम्मत स्पष्ट दिखाई देते थे। इसी समय में उन्हें अभूतपूर्व ख्याति मिली कि 'यह जीनियस है।' अल्बर्ट आइंस्टाइन पुरस्कार जैसी प्रतिष्ठित उपाधियाँ उन्हें इसी समय प्राप्त हुईं। विनोदप्रिय और हाजिरजवाब स्टीफन ख्याति और शारीरिक समस्या के कारण अपने सहयोगियों से दूर ही रहे। उनके एक सहयोगी ने बताया–"उनका व्यवहार हमेशा स्नेहपूर्ण होता था। लेकिन सहज रूप से यह कहने में संकोच होता था कि चलो, हम बीयर बार जाएँगे, गप्पे लड़ाएँगे और कुछ समय साथ बैठेंगे।" यही कारण था कि उन्हें आम आदमी से भिन्न माना जाता था।

इस मुसीबत के समय में हॉकिंग का एक ही लक्ष्य था–स्वयं को काम में व्यस्त रखना। वे कहा करते थे–"लाठी और बैसाखी गौण हैं। अपने काम में मन को पूर्णतः डुबो देने में आनंद पाइए।"

पर कहा जाता है कि अपार सफलता को सँभालना, उसे पचाना मुश्किल

होता है। क्या हॉकिंग के संबंध में कुछ ऐसा ही हुआ होगा? क्या निरंतर ख्याति बढ़ने के कारण आगे चलकर उनका अनुसंधान क्षीण होने लगा? हिम्मत और धैर्य की परिणति हठ में परिवर्तित होने लगी? यह संतोष की बात है कि वे सामान्य जीवन व्यतीत कर सके, लेकिन साथ-ही-साथ उनकी अपेक्षाएँ भी बढ़ने लगीं। जीवन के विभिन्न पहलू उन्हें प्रभावित करने लगे। उसी में उनका अधिकांश समय बीतने लगा। किसी की बात अस्वीकार करना उन्हें मुश्किल लगने लगा, अतः वे हर निमंत्रण स्वीकारने लगे। ये सभी कार्यकलाप, प्रशंसा और उनसे प्राप्त विभिन्न सम्मान उन्हें जेन और बच्चों से दूर ले जाने लगे। उनके साथ जेन का विदेश जाना कम हुआ। स्टीफन के जीवन में उसकी सहभागिता में बदलाव आया। अपने बीमार पति को साहस देने का उसका काम लगभग समाप्त हो गया था। अब एक ही काम बचा था, उन्हें हर समय बताना कि 'तुम परमात्मा नहीं हो।' सन् 1990 तक उनका वैवाहिक जीवन सामान्य चल रहा था; सहसा उसमें परिवर्तन आया। विवाह को पच्चीस साल पूरे हुए। दोनों का इसे एक महोत्सव के रूप में मनाने का इरादा था। लेकिन आकस्मिक रूप से वे परस्पर अलग हो गए। दोनों में से किसी ने भी संबंध-विच्छेद के कारण नहीं बताए; उनकी सार्वजनिक चर्चा भी नहीं की। शायद कभी पुनर्मिलन की आशा उनके मन में थी। जिस तरह गाँव में अफवाहें दावानल की तरह चारों ओर फैलती हैं, वैसे ही उनके संबंध-विच्छेद की खबर धीरे-धीरे फैलती गई। सबको इस घटना से दुःख ही हुआ, क्योंकि वह परिवार उनके लिए आदर्श था।

क्या हॉकिंग के अनुसंधान पर इसका प्रभाव पड़ा? कुछ लोगों की राय में भौतिकी का अनुसंधान युवकों के लिए मन की ताजगी बढ़ानेवाला है, कुछ की

सन् 1995 में एलिना मेसन से विवाह और उसके बाद का जीवन

स्टीफन हॉकिंग ने एक वियतनामी अनाथ बच्ची न्हान को गोद भी लिया, जिसके माता-पिता का एक नौका दुर्घटना में निधन हो गया था। चित्र में दाएँ से प्रो. हॉकिंग, दूसरी पत्नी एलिना, न्हान और प्रो. हॉकिंग की माँ इसोबेल

राय में कच्चेपन और हिम्मत से किया गया शोध। वस्तुतः युवा होने की चीज है। प्रश्न यह है कि क्या हम ये विचार एवं आचार हॉकिंग जैसे व्यक्ति पर लागू करें?

वर्ष 1990-2000 के दशक के उत्तरार्ध में जेन हॉकिंग की पुस्तक 'म्यूजिक टू मूव द स्टार्स' प्रकाशित हुई। इस पुस्तक में उसने अपनी शारीरिक और मानसिक घुटन को बेबाक अभिव्यक्त किया है। जेन ने दूसरा विवाह किया। स्टीफन की दूसरी शादी एलिना मेसन से हुई। सन् 1980 से वह उनकी परिचारिका थी। बाद में यंत्रणा का आरोप लगाते हुए एलिना ने भी सन् 2006 में उनसे तलाक ले लिया। यह कहानी अद्वितीय प्रतिभा एवं अपार बुद्धि-संपन्न हॉकिंग की है। आकाश में अंतरिक्ष खाली नहीं है; कृष्ण-विवर कृष्ण नहीं है—ऊपरी तौर पर निरर्थक लगनेवाले इन सिद्धांतों के जनक। जिस व्यक्ति को देखकर हमें दया आती है, वही व्यक्ति दिखा देता है कि काल एवं आकाश की सीमारेखा जैसी होनी चाहिए, प्रत्यक्षतः वैसी नहीं है। संपूर्ण ब्रह्मांड को एक सत्य के सर्वग्राही सिद्धांत से एक सूत्र में प्रस्तुत करनेवाले हॉकिंग दूसरे आइंस्टाइन या दूसरे न्यूटन हैं।

□

6

दृष्टिकोण

महापुरुषों की छोटी-से-छोटी बात के बारे में सामान्य लोगों में जिज्ञासा होती है। वैज्ञानिक के रूप में हॉकिंग के कार्यों के बारे में दो राय नहीं है। परंतु यह उनके जीवन का एक हिस्सा है। व्यक्ति के रूप में वे कैसे हैं, यह देखना भी महत्त्वपूर्ण है। दरअसल, प्रत्येक व्यक्ति के जीवन के कई पहलू होते हैं। वह पत्नी को कैसा लगता है; बच्चों को अपने पिता की भूमिका में उसका कौन सा रूप विशेष महत्त्व का और कौन सा पीड़ादायी लगता है; मित्रों और साथ कार्यरत व्यक्तियों को उसके कौन से रूप का अनुभव होता है। हर एक की भावनाएँ अलग-अलग होती हैं, अनुभव भी अलग-अलग होते हैं। साथ ही महत्त्वपूर्ण यह भी है कि युवावस्था में वह कैसा था और वृद्धावस्था में कैसा था? बचपन व छात्रावस्था में कैसा था और सत्ता प्राप्त होने पर तथा बाद में समाज में प्रतिष्ठा मिलने के पश्चात् उसमें क्या परिवर्तन होते गए, यह देखना अद्‌भुत एवं आकर्षक लगता है। हर व्यक्ति स्वतंत्र होता है, अलग होता है। इसलिए मानव-जीवन का अध्ययन, मानवीय मन की जटिलता एवं उलझन देखना और जानना महत्त्वपूर्ण होता है। जैसे-जैसे मनुष्य को जीवन में सफलता मिलने लगती है, वैसे-वैसे वह अपने परिवार के सदस्यों से दूर जाने लगता है, अपने व्यक्तित्व से प्रेम करने लगता है। प्राय: अन्य लोग उसे बौने लगने लगते हैं।

यदि साधारण मनुष्य की ऐसी स्थिति है तो हॉकिंग जैसे असामान्य व्यक्ति का तो कहना ही क्या? इसे जानना दिलचस्प होगा। इसलिए इस अध्याय में हम विभिन्न व्यक्तियों के अनुभवों को जानेंगे।

जेन हॉकिंग

पत्नी जेन

जेन–पच्चीस वर्ष तक उनका साथ देनेवाली पत्नी। सन् 1990 की वसंत ऋतु में उनका संबंध-विच्छेद हुआ। सन् 1999 में जेन की पुस्तक 'म्यूजिक टू मूव द स्टार्स : मार लाइफ विद स्टीफन' प्रकाशित हुई। इसमें उन्होंने अपना सारा दुःख-उद्वेग व्यक्त किया है। 610 पृष्ठों की इस पुस्तक में उन्होंने स्वयं के तनाव और उससे उत्पन्न समस्याओं का विस्तृत विवेचन किया है। स्टीफन को सँभालते समय स्वयं द्वारा किए गए परिश्रम, सहन की गई यातनाएँ, बच्चों का पालन-पोषण, अकेलेपन में होनेवाली मन की कशमकश और अपने अनुसंधान में रमे हुए पति के साथ व्यतीत किए हुए दिन–इन सबका विवेचन पुस्तक में है। 'बुद्धि से तुम अपने पति से कनिष्ठ हो'–ऐसा अहसास दिलानेवाले एवं निरीश्वरवाद को माननेवाले पति से ईसाई धर्म में श्रद्धा रखनेवाली जेन की शिकायत है कि स्टीफन को व्यक्ति के रूप में मेरे बारे में थोड़ा गर्व था। परंतु मेरी श्रद्धा और धारणा के बारे में जरा भी आदर नहीं था। 'ए ब्रीफ हिस्ट्री ऑफ टाइम' पुस्तक के प्रकाशन के पश्चात् सन् 1988 के बाद, पुनः समस्याएँ पैदा हुईं। हॉकिंग की ख्याति बहुत बढ़ी; उन्हें अपार प्रसिद्धि मिलने लगी। उस समय से अनुसंधानकर्ता और पत्रकार मेरी अनदेखी करने लगे। जेन ने पुस्तक में बताया है–"मेरे विचार जानने में किसी की रुचि नहीं थी, क्योंकि पति के विचारों की तुलना में वे महत्त्वपूर्ण नहीं थे। मुझे लगने लगा कि मैं अब कुछ भी नहीं रह गई थी। मेरी हस्ती ही नहीं रही। मेरा संपूर्ण अस्तित्व समाप्त हो गया था। दरअसल, 'ब्रह्मांड के विज्ञान और पुंज' भौतिक विज्ञान विषय पर तुम्हें लोकप्रिय पुस्तक लिखनी चाहिए।" ऐसा मैंने ही स्टीफन से कहा था। उन्हें मैं निरंतर प्रोत्साहित करती रहती थी। परंतु वही पुस्तक लोकप्रिय होने के बाद मेरी हालत दयनीय हो गई। सन् 1989 में स्टीफन की 'एलिना मेसन' नामक नर्स से नजदीकी बढ़ने लगी और हमारे संबंधों में दूरी आती गई। हॉकिंग ने संबंध-विच्छेद के लिए अरजी

दी और सन् 1995 में उन्होंने एलिना से विवाह कर लिया।'' इस पुस्तक में जेन ने अपना जो पक्ष प्रस्तुत किया है, क्या उसे सही माना जाए? स्टीफन अन्य सभी से अपनी इच्छा के अनुकूल व्यवहार करते हैं; उनकी बुद्धिमत्ता का कोई सानी नहीं है। परंतु शारीरिक संदर्भ में वे छोटे बालक के समान असहनीय हैं।

जेन द्वारा लगाए गए आरोप अनेक लोगों को स्वीकार्य नहीं हैं। स्टीफन की सचिव की राय में–''स्टीफन बहुत भले आदमी हैं। विदेश यात्रा के दौरान मैं ही उनकी देखभाल करती थी। जेन तो कभी आती ही नहीं थी। उसका व्यवहार विचित्र हुआ करता था।''

लूसी हॉकिंग

लूसी हॉकिंग

स्टीफन की बेटी लूसी के विचार उल्लेखनीय हैं। लूसी का जन्म सन् 1970 में हुआ। जब माता-पिता अलग हुए, तब उसकी आयु 25 वर्ष थी। माँ के बारे में उसका एक लेख 'संडे टाइम्स' में प्रकाशित हुआ था, जिसमें उसने लिखा था–"मेरी माँ जैसी महिला शायद ही हो पाएगी। वैसे पिताजी भी बहुत अच्छे हैं; परंतु उनकी बढ़ती बीमारी के कारण हमारे परिवार को बहुत तनाव सहना पड़ा और इससे हमारा परिवार कभी उबर नहीं सका। माँ परिश्रम से थक जाती थीं, लेकिन पिताजी कृतज्ञता नहीं दिखाते थे। पिताजी की विकलांगता और लोकप्रियता के कारण दोनों के संबंधों में दूरी आती गई। साथ ही मेरी माँ कलासक्त, संगीत-प्रेमी, प्रबल जिजीविषावाली महिला थीं। वह बहुत खर्च करती थीं। पिताजी महान् वैज्ञानिक हैं। उन्हें सफलता के अतिरिक्त किसी बात का आकर्षण नहीं था। भिन्न

व्यक्तित्व, समय बिताने और परस्पर कमियों के तीव्र अहसास के कारण उन्होंने अलग होने का निर्णय लिया होगा।"

लूसी के कुछ और निरीक्षण बहुत कुछ बताते हैं–"हमारे घर में पुस्तकों का अति महत्त्व था। उनकी संगति में ही मैं बड़ी हुई।" इस बात को वह बड़े गर्व के साथ कहती है–"मेरे पिताजी की आवाज में बदलाव आने पर उन्हें शब्दोच्चारण में बहुत कष्ट होता था। उनका बोलना लोगों की समझ में न आने पर वे बहुत चिढ़ते और झल्लाते थे। उनका पूरा गुस्सा हम भाई-बहनों के लिए पीड़ादायक होता था। माता-पिता की सेवा में होने के कारण मैं बचपन से ही नाश्ता बनाकर उनके लिए रखा करती थी। तब जले हुए टोस्ट और ठंडी चाय के होते हुए भी वे बड़े प्यार से कहते थे, 'मैं जैसी चाय चाहता था, बिलकुल वैसी ही बनी है।' पिताजी का स्वास्थ्य बहुत अधिक बिगड़ने पर जब हम रास्ते से जाते तब लोग करुणा भरी दृष्टि से हमें देखा करते थे। मुझे वह बिलकुल पसंद नहीं था। पत्रों का ढेर, फोन की निरंतर बजती घंटी पिताजी की लोकप्रियता का हमेशा साक्ष्य देती थीं। सब लोग हमारे परिवार को एक अद्‍भुत वैज्ञानिक, उसकी पत्नी और बच्चों के रूप में देखते थे। उसके कारण मुझे लगता है कि हमने बहुत कुछ कमाया है तो बहुत कुछ गँवाया भी है।"

लूसी के लेखन में माता-पिता के प्रेम का विलक्षण दर्शन मिलता है। बचपन में पिता सब बच्चों के लिए एक जैसे होते हैं। पिता-संतान का प्रेम निस्स्वार्थ होता है। उसमें लेन-देन का प्रश्न ही नहीं उठता। माँ का प्रेम पूरी दुनिया में एक जैसा ही होता है, उसकी तीव्रता कम या अधिक होती है। तीस वर्ष के अपने लंदन प्रवास के पश्चात् एक भारतीय ने लिखा था–"वहाँ की माँ की आँखें भी हमारी माँ के समान भर आती हैं। बेटी के ससुराल जाते समय माता-पिता का प्रेम और उन्हें बच्चों से बचपन में मिलनेवाला प्रेम मनुष्य के रक्त में होता है, यही इसका रहस्य है। उसी के कारण पूरी दुनिया में प्रेम की भावना दिखाई देती है। बेटी-पिता का प्रेम आगे चलकर जीवन भर बना रहता है। लूसी का लेख पढ़ते हुए हृदय में भावनाएँ उमड़ आती हैं और लगता है कि अरे, यह परिवार भी तो हमारे जैसे ही एक-दूसरे में उलझा हुआ है।"

वास्तविक दुःख

भारत के एक अनुसंधानकर्ता डॉ. ए.बी. पंडित रासायनिक अभियांत्रिक विषय के अनुसंधान के लिए आठ वर्ष तक कैंब्रिज विश्वविद्यालय में रहे। वर्ष

21 अप्रैल, 2008 : नासा व्याख्यान श्रृंखला के अवसर पर स्टीफन हॉकिंग अपनी पुत्री लूसी हॉकिंग के साथ

1990 के दशक में वे वहीं थे। उन्होंने अपने अनुभव बताते हुए कहा, "व्हीलचेयर पर बैठे हॉकिंग को जाते समय देखकर कई बार उनसे मुलाकात हुई। लेकिन मैं नहीं जानता था कि वे कौन हैं? परंतु उनकी पहले देखी हुई एक फोटो याद थी। कुछ दिनों बाद उनसे शाम के भोजन पर मिलने का अवसर प्राप्त हुआ। मैं उनसे बोलने का लोभ सँवरण नहीं कर सका। यह सच है कि वह संभाषण प्रोत्साहित करनेवाला एवं प्रेरक था। यह बात मेरे मन पर सदा के लिए अंकित हो गई। बोलते समय उनका आत्मविश्वास! इतने बड़े व्यक्ति के साथ बोलते समय मेरे मन में उत्पन्न संदेह और संकोच क्षण भर में दूर हो गया। अपनी विकलांग स्थिति के बारे में एक अक्षर भी उन्होंने व्यक्त नहीं किया। हम लगभग बीस मिनट तक बात करते रहे थे। एक बार उनसे प्रश्न पूछा गया कि 'विकलांगता के कारण आपको महसूस होनेवाला वास्तविक दु:ख कौन सा है?' इस पर उनका उत्तर हृदय को हिला देनेवाला था। उन्होंने कहा था कि 'इसके कारण मुझे अपने बच्चों के साथ खेलने से वंचित रहना पड़ा।' मन की एकाग्रता और अपने कार्य का निष्पक्ष आकलन उनके व्यक्तित्व के विलक्षण पहलू मेरे मन पर अंकित हो गए। □

साक्षात्कार खंड

1

'मैंने प्रधानमंत्री बनने की कल्पना की थी'

प्रश्न : आपको ऐसा क्यों लगता है कि एक वैज्ञानिक के रूप में आपको हस्ती का दर्जा दिया गया है? क्या इसके लिए आपकी विकलांगता को श्रेय जाता है?

उत्तर : मेरी हस्ती में विकलांगता का भी श्रेय है। मेरी सीमित शारीरिक शक्ति के विपरीत मैं जिस विशाल ब्रह्मांड के साथ काम कर रहा हूँ, उससे लोग मोहित हैं। मैं एक विकलांग प्रतिभा का आदर्श रूप हूँ या मुझे कहना चाहिए कि मैं एक शारीरिक रूप से प्रतिभाशाली विकलांग हूँ। कम-से-कम मैं स्पष्टतः एक शारीरिक विकलांग हूँ। चाहे मैं एक प्रतिभाशाली व्यक्ति हूँ और शंका करने के लिए खुला हूँ।

प्रश्न : पत्रकारों की तरह-तरह की बातों पर आप किस तरह की प्रतिक्रिया व्यक्त करते हैं?

उत्तर : पत्रकार मेरे बारे में क्या लिखते हैं, मैं उस पर ज्यादा ध्यान नहीं देता। मैं इसे मीडिया प्रचार मानता हूँ। ध्यानाकर्षण के लिए आइंस्टाइन जैसे किसी व्यक्ति की जरूरत होती है। लेकिन मेरी आइंस्टाइन से तुलना करना हास्यास्पद है। उन्हें या तो आइंस्टाइन के कार्य की समझ नहीं है या मेरे।

प्रश्न : आप इस टिप्पणी पर क्या कहेंगे, ''क्या यह शर्म की बात नहीं है

वेटिकन सिटी में पोप बेंडिक्ट के साथ प्रो. हॉकिंग

कि इतना प्रतिभाशाली मस्तिष्क एक बेकार शरीर में कैद होकर रह गया है?''

उत्तर : मैंने किसी को भी यह कहते हुए नहीं सुना कि इस तरह का एक शानदार मन एक बेकार शरीर में कैद होकर रह गया है। अगर ऐसा होता तो मैं अवमानना का केस करता।

प्रश्न : एक प्रतिभाशाली होने के बावजूद क्या विकलांग होने के कारण लोग आपके प्रति संवेदना जताते हैं?

उत्तर : आमतौर पर मैंने देखा है कि जिन लोगों ने मेरे बारे में सुना तक नहीं है, वे भी मेरे साथ अच्छा व्यवहार करते हैं और मददगारों की तरह पेश आते हैं। मैं संवेदनशील नहीं हूँ। यदि कभी वे दया दिखाते भी हैं तो यह उनकी गलती है।

प्रश्न : क्या विकलांग होने के कारण आपको प्रतिभाशाली व्यक्ति मानने में लोग कोई भेद करते हैं?

उत्तर : विकलांग होने या शारीरिक रूप से अक्षम होने से मेरे वैज्ञानिक साथी कोई भेद नहीं करते, सिवा इसके कि मैं जो कहना चाहता

हूँ, उसे लिखकर व्यक्त करने तक उन्हें इंतजार करना पड़ता है।

प्रश्न : पहले-पहल भौतिकी में आपकी रुचि कब जाग्रत् हुई और क्यों?

उत्तर : विज्ञान मुझे हमेशा रुचिकर लगता था कि चीजें कैसे काम करती हैं। लगभग पंद्रह साल की उम्र में मैंने भौतिकी पर ध्यान केंद्रित कर लिया था, क्योंकि मुझे लगा कि यह विज्ञान में सबसे अधिक मौलिक थी।

प्रश्न : क्या आप यह कहेंगे कि विकलांग व्यक्ति के लिए खगोलविद् होना एक अच्छी बात है?

उत्तर : विकलांग या अक्षम के लिए एक प्रेक्षणीय खगोल-विज्ञानी होना कठिन होगा। लेकिन उनके लिए खगोलविद् होना आसान होगा, क्योंकि वह सब तो दिमाग में होता है। इसके लिए शारीरिक शक्ति आवश्यक नहीं है।

प्रश्न : क्या भौतिकी का अध्ययन आपको शारीरिक सीमाओं से आगे ले जा सकता है?

उत्तर : निस्संदेह भौतिकी किसी को उसकी सीमाओं से आगे ले जा सकती है, ठीक अन्य मानसिक गतिविधियों की तरह। ब्रह्मांड की तुलना में मानवजाति अति क्षुद्र है। अतः विकलांग या अक्षम होने से वहाँ कोई फर्क नहीं पड़ता।

प्रश्न : क्या आप बस ड्राइवर या कुछ और बनना चाहते थे?

उत्तर : मैं बस ड्राइवर कभी नहीं बनना चाहता था, लेकिन मैंने प्रधानमंत्री बनने की कल्पना की थी। हालाँकि टोनी (ब्लेयर) के लिए यह काम छोड़कर मैं खुश हूँ। काम के रूप में मुझे भौतिकी ही पसंद है और मुझे लगता है कि मेरा काम उनसे कहीं बेहतर है।

प्रश्न : कोई विकलांग या अक्षम व्यक्ति भौतिकविद् बनना चाहे तो उसके लिए आप क्या सलाह देंगे?

उत्तर : विकलांग या अक्षम व्यक्ति को कैरियर के रूप में मैं सैद्धांतिक भौतिकी अपनाने की सलाह दूँगा। बेशक उन्हें भौतिकी में रुचि होनी चाहिए और इसमें प्रतिभाशाली भी होना चाहिए।

प्रश्न : आप एक विज्ञान प्रतिभा हैं, फिर भी क्या लोग आपके निजी

सहायक से प्रश्न पूछते हैं? यदि हाँ तो आप उन लोगों से क्या कहना चाहते हैं?

उत्तर : मुझे बड़ी खुशी है कि लोग मेरे निजी सहायक से प्रश्न पूछते हैं। उन सबके उत्तर देने का मेरे पास समय नहीं होता।

प्रश्न : जीवन की व्यावहारिकताएँ क्या हैं? क्या आपको लगता है कि आपकी व्यक्तिगत देखभाल के कारण आपकी सोच के समय में कटौती होती है?

उत्तर : मेरी व्यक्तिगत देखभाल में खासा समय लगता है। दूसरी ओर, अध्यापन और समिति के काम से मैं स्वयं को अलग रखता हूँ, इसलिए सोच-विचार के लिए मुझे पर्याप्त समय मिल जाता है।

प्रश्न : विकलांग के रूप में काम के माहौल में ढालने के लिए आपके साथियों ने आपको कैसे समायोजित किया?

उत्तर : मेरा विश्वविद्यालय विभाग अभी एक पुराने मुद्रण कार्य-स्थल पर चलता है, जहाँ मेरे लिए रैंप का विशेष इंतजाम किया गया है। विभाग जल्दी ही नई इमारत में स्थानांतरित हो जाएगा और मैं निश्चिंत हूँ कि वह डिजाइन मेरे अनुकूल है। मेरे साथी बहुत मददगार हैं। वे औरों की तरह मेरे साथ सामान्य बरताव करते हैं, पर मेरी खास जरूरतों में मेरी मदद करते हैं। यही बात मुझे पसंद है।

(बी.बी.सी. टेलीविजन पर एक साक्षात्कार)

□

2

'स्पेस शटल से आकाश में जाना अच्छा लगेगा'

30 दिसंबर, 1999 को लेरिकिंग ने प्रो. स्टीफन हॉकिंग का इंटरव्यू लिया।

लेरिकिंग : वैज्ञानिक की भूमिका में आपका सबसे महत्त्वपूर्ण अनुसंधान कौन सा है?

स्टीफन : महाविस्फोट, कृष्ण विवर और काल का आरंभ एवं अंत। मैंने कृष्ण विवरों पर प्रकाश डाला, यही है मेरा अनुसंधान।

लेरिकिंग : क्या अनुसंधान में आपकी रुचि बचपन से थी? क्या आप होनहार छात्र के रूप में गिने जाते थे?

स्टीफन : बच्चे बचपन में कई प्रश्न पूछते हैं, क्योंकि उनके मन में अनेक प्रश्न पैदा होते हैं। बड़े होने पर या तो उन्हें बताया जाता है कि वे प्रश्न पागलपन जैसे हैं अथवा बच्चे वे प्रश्न पूछना छोड़ देते हैं। मैं हमेशा 'क्या' और 'कैसे' प्रश्न पूछता रहता हूँ। कभी-कभार मुझे उत्तर मिल जाता है।

लेरिकिंग : क्या आपके कोई आदर्श या विश्वसनीय सलाहकार थे?

स्टीफन : मुझे कुछ अच्छे शिक्षक मिले, तो कुछ सामान्य थे। परंतु मैं किसी को भी विश्वसनीय सलाहकार नहीं कहूँगा।

लेरिकिंग : आपने शिकागो में कहा था कि मेरी सबसे बड़ी उपलब्धि है कि मैं अभी तक जीवित हूँ।' ए.एल.एस. (मोटर न्यूरॉन डिजीज) जैसी बीमारी के कारण आपके काम पर कुछ

सीमाएँ एवं प्रतिबंध लगे होंगे?

स्टीफन : अनुसंधान के अतिरिक्त मैं अन्य किसी क्षेत्र में ए.एल.एस. के कारण टिक नहीं सका। सैद्धांतिक भौतिक विज्ञान मेरे लिए उचित क्षेत्र था।

लेरिकिंग : इस बीमारी से कुछ लाभ? प्रश्न जरा सा विचित्र है न?

स्टीफन : विकलांगता के कारण मैं अनुसंधान पर पूरा ध्यान केंद्रित कर सका। व्याख्यान के घंटों और विभिन्न समितियों से मैं मुक्त रह सका, यह भी एक लाभ कहा जा सकता है।

लेरिकिंग : इस शताब्दी के सबसे महान् वैज्ञानिक कौन हैं?

स्टीफन : निश्चित ही अल्बर्ट आइंस्टाइन। आकाश और काल के संबंध में उन्होंने अपने विचार प्रस्तुत कर हमारी समझ और धारणाओं में क्रांति ला दी। आकाश और काल वक्र हैं। वस्तुमान और ऊर्जा ने उन्हें टेढ़ा-मेढ़ा बनाया है।

लेरिकिंग : पृथ्वी पर किस स्थान पर जाना आपको अच्छा लगेगा?

स्टीफन : कहीं भी नहीं। मुझे स्पेस शटल से आकाश में जाना अच्छा लगेगा।

लेरिकिंग : मान लीजिए, 2000 ईसवी के बाद आपको फिर से नया अनुसंधान करना है तो आप कौन सा क्षेत्र चुनेंगे?

स्टीफन : जीव-विज्ञान विषय मुझे अच्छा लगेगा।

लेरिकिंग : आपके विचार में सबसे महान् आविष्कार कौन सा है?

स्टीफन : मेरी राय में छापेखाने का आविष्कार सबसे बड़ा है। उसके कारण जानकारी (सूचना) और अनुसंधान का प्रसार जल्दी, अधिक मात्रा में और अधिक लोगों के लिए किया जा सका। ज्ञान मौखिक और हस्तलिखित पद्धति द्वारा अगली पीढ़ी तक पहुँच रहा था। उसके प्रसार की गति में बहुत बढ़ोतरी हुई। वैज्ञानिक और तकनीकी प्रगति में भी वृद्धि हुई। आज छपाई का स्थान इंटरनेट ने ले लिया है।

लेरिकिंग : कौन से आविष्कार के कारण भविष्यकालीन जीवन में बहुत बड़ा बदलाव आएगा?

स्टीफन : जनुक अभियांत्रिकी के कारण बहुत बदलाव आएँगे। उसमें अभी देर लगेगी। वह शीघ्र होनेवाला कार्य नहीं है। अभी सौ साल तक तो परिवर्तन नहीं होगा। उसके बाद शायद हो सकता है।

लेरिकिंग : सन् 1988 में आपने 'ए ब्रीफ हिस्ट्री ऑफ टाइम' नामक पुस्तक लिखी, जिससे आपको बहुत ख्याति मिली। 30 भाषाओं में भाषांतरण और पुस्तकों की दस लाख प्रतियाँ बिक गईं।

स्टीफन : मेरा विचार था कि यह किताब हवाई अड्डों के बुक स्टॉल पर जाए। परंतु उसके लिए मुखपृष्ठ पर मेरे बजाय एक सुंदर युवती का चित्र होना चाहिए था। आम जनता में लोकप्रियता पानेवाली विज्ञान विषय पर यह पहली पुस्तक है।

लेरिकिंग : क्या परग्रह पर जीव सृष्टि है?

स्टीफन : किसी भी उचित परिस्थिति में होनेवाले परग्रह पर जीवन प्राथमिक अवस्था में हो सकता है। परंतु बुद्धिमान जीवों के अस्तित्व की संभावना दुर्लभ है।

लेरिकिंग : 'परमेश्वर पासों का खेल खेलता रहता है', आइंस्टाइन का यह प्रसिद्ध वाक्य है। इसके बारे में आपकी क्या राय है?

स्टीफन : मुझे लगता है कि दो बातों के लिए आइंस्टाइन का यह मत गलत है। कृष्ण विवर के पुंज परिणाम, जैसाकि परमेश्वर सिर्फ पासे ही नहीं खेलता बल्कि कभी-कभी उन्हें ऐसे स्थान पर फेंक देता है, जहाँ आप देख ही नहीं सकते।

लेरिकिंग : समाज के संदर्भ में आपको सबसे अधिक किस बात की चिंता है?

स्टीफन : जनसंख्या विस्फोट, बीमारियाँ। पुरानी बीमारियों को तो हमने नष्ट कर दिया है; परंतु हम जब तक अमर नहीं होते तब तक तो हम मरेंगे ही। महत्त्वपूर्ण यह है कि हमें अपने जीवन की स्थिरता को ऊँचा एवं ऊर्ध्वमुखी बनाना है।

लेरिकिंग : Y2K बग के बारे में आपका क्या कहना है?

स्टीफन : Y2K बग का बहुत बोलबाला हुआ। उसे बढ़ा-चढ़ाकर बताया गया। 1 जनवरी को अब उलटी गिनती होगी। कुछ बातों में गड़बड़ी हो जाएगी, परंतु दुनिया डूब तो नहीं जाएगी। ए.टी. एम. संयम से काम नहीं करेंगे तो उससे पूरा ब्रह्मांड तो खत्म नहीं हो जाएगा।

लेरिकिंग : क्या आप सुखी हैं?

स्टीफन : हाँ।

(टी.वी. पर एक अन्य साक्षात्कार)

□

3

'मैं भी तो प्रेम, लोभ और चाहत का प्यासा हूँ'

टी.वी. पर सन् 1942 में शुरू 'डेजर्ट आइलैंड डिस्कस' कार्यक्रम बहुत लोकप्रिय हुआ, जो सप्ताह में एक बार रेडियो पर प्रसारित किया जाता था। देश के श्रेष्ठतम अभिनेता, संगीतकार, वैज्ञानिक, लेखक, नर्तक, राजनीतिज्ञों को इसमें प्रमुख अतिथि के रूप में बुलाया जाता था और उनके प्रिय गीतों के रिकॉर्ड्स बजाए जाते थे। यह कार्यक्रम चालीस मिनट का हुआ करता था।

सन् 1992 में नावाल के दिन स्टीफन हॉकिंग इसके मुख्य अतिथि थे। सू आवली ने उनका साक्षात्कार लिया। महत्त्वपूर्ण बात यह है कि साक्षात्कार में इतनी रंगत आई कि वह चालीस मिनट से अधिक समय तक चलता रहा। सू ने चर्चा आरंभ की–

सू : आपको अपना खुद का जीवन कैसा लगता है?

स्टीफन : मेरा जीवन सामान्य नहीं है। परंतु क्षमता, जोश, उत्साह, हिम्मत का विचार करने पर वह बिलकुल सामान्य है।

सू : आपने प्रमाणित किया है कि आप बौद्धिक और मानसिक दृष्टि से स्वयं में पूर्ण हैं। आपको व्यस्त रखने के लिए विज्ञान है।

स्टीफन : मूलत: मैं अंतर्मुखी हूँ और संभाषण करना मेरे लिए मुश्किल है। इसलिए मेरी अंतर्मुखता बढ़ी है। बचपन में मैं बहुत वाचाल के रूप में पहचाना जाता था। अपने आपको प्रोत्साहित करने के लिए परिवार के सदस्यों और मित्रों से संवाद करना मुझे हमेशा अच्छा लगता था। चर्चा के दौरान अन्य व्यक्ति शायद अधिक

नहीं बोलते हों, फिर भी मुझे ऐसी चर्चा बहुत अच्छी लगती है, क्योंकि उससे मेरे अपने विचार सुसंगतिपूर्ण हो जाते और मुझे अधिक विचार सूझते थे।

सू : परंतु भावनात्मक संपन्नता की स्थिति क्या थी? वह कैसे पूर्ण होती है?

स्टीफन : भौतिकी विज्ञान अच्छा परंतु पूर्णतः निर्विकार विषय है। केवल भौतिकी के अध्ययन से मुझे अपना जीवन बिताना संभव नहीं लगता। सबके समान। इस बारे में मैं वाकई बहुत भाग्यशाली हूँ और संगीत ने मेरे जीवन में बहुत महत्त्वपूर्ण स्थान पा लिया है।

सू : जब आपकी आवाज पूर्णतः बंद हो गई, तब आपको बहुत तीव्रता से किस बात का अहसास हुआ?

स्टीफन : ऑपरेशन से पहले मेरी आवाज अस्पष्ट थी; परिवार के सदस्य आदतन उसे समझ सकते थे। इसलिए आवाज छिनने पर मैं दुःखी हुआ। लेकिन कैलिफोर्निया के कंप्यूटर ने मुझे कंप्यूटर बना दिया। उससे मेरा जीवन सुखी बन गया।

सू : आपके परिवार का कहना है कि आप बहुत जिद्दी, दुराग्रही और हुकूमत चलानेवाले हैं। क्या यह सच है?

स्टीफन : उच्चतम ज्ञानवाले व्यक्ति को हम जिद्दी कहते हैं। मुझे लगता है कि मैं निश्चयी हूँ, विचारों का पक्का हूँ।

सू : क्या आप हमेशा ऐसे ही थे?

स्टीफन : मेरी धारणा है कि मेरे जीवन पर मेरा अपना ही नियंत्रण होना चाहिए। कई बार हम देखते हैं कि विकलांग व्यक्ति परावलंबी बनते हैं, दूसरों की इच्छा से अपना जीवन बिताते-जीते हैं। परंतु हट्टा-कट्टा व बलवान् मनुष्य अपने मन के अनुसार या इच्छानुसार जीवन जीता है।

सू : बहुत पहले जब आप छोटे थे, आपके एक पारिवारिक मित्र ने कहा था कि हॉकिंग-परिवार अत्यंत बुद्धिमान, अति चतुर, होनहार और अच्छा-खासा सनकी है।

स्टीफन : मुझे वैसा नहीं लगता। हम सनकी बिलकुल नहीं थे; विचित्र भी नहीं थे। हम जिस गाँव में रहते थे, उस गाँव के सभी लोग बड़े ही शांत और गंभीर प्रकृति के होने के कारण अलग ही वृत्ति

के लगते होंगे। मेरे पिता अनुसंधानकर्ता थे। औषध विज्ञान में प्रवीण थे। उनका कहना था कि मैं उन्हीं के रास्ते पर आगे बढ़ूँ। लेकिन मैं कभी औषध-विज्ञान या जीव-विज्ञान की ओर आकर्षित नहीं हुआ, क्योंकि मुझे यह विज्ञान वर्णनात्मक और अचूकता के अभाववाला लगता है। कोई ठोस एवं भौतिक अनुसंधान करने के लिए मैंने भौतिक विज्ञान का चयन किया।

सू : भौतिक विज्ञान में निश्चित ही आपकी अच्छी पैठ थी। महाविद्यालय में, कक्षा में जो प्रश्न हल करने के लिए आपके सहपाठियों को अनेक दिन लगते थे, उन्हें आप कुछ घंटों में ही हल कर लेते थे। आप में कुछ तो विशेष अपवादात्मक कौशल, मूलतः जन्मजात बुद्धि है। इस संबंध में सबकी एक राय थी।

स्टीफन : मेरे समय में ऑक्सफोर्ड का भौतिकी का पाठ्यक्रम अत्यंत सरल था। कक्षा में न जाकर घर पर भी पढ़ाई करके उसे पूरा करना सहज-संभव था। अधिकतर जानकारी को ध्यान में रखने की आवश्यकता नहीं थी। कुछ समीकरण याद रखने पर भी काम चल जाता था।

सू : आपके जीवन का अध्ययन करते समय मुझे यह ज्ञात हुआ कि डॉक्टरों ने जब आपको बताया कि अब आपके जीवन के सिर्फ दो ही वर्ष बचे हैं, तब आपको लगा कि वह मृत्युदंड की सजा है। शायद उसके कारण आप 'जागरूक' हुए और जीवन की ओर अधिक सतर्कतापूर्वक ध्यान देने लगे।

स्टीफन : डॉक्टर के निर्णय से मैं दुःखी हो गया। क्या पी-एच.डी. पूर्ण होने तक मैं जीवित रह पाऊँगा? इस प्रश्न से मैं बेचैन हो गया। परंतु बाद में स्थिति में सुधार आया और अनुसंधान में मेरी गति बढ़ गई।

सू : एक पुराने साक्षात्कार में आपने कहा था कि आजकल आप बीमार होने से पहले की अपेक्षा अधिक सुखी हैं। क्या यह सच है?

स्टीफन : निश्चित ही। मोटर न्यूरॉन रोग होने के पूर्व मैं जीवन से ऊब चुका था। परंतु जल्दी आनेवाली मृत्यु की संभावना के कारण मुझे जीवन का महत्त्व समझ में आने लगा। मेरी समझ में आया

कि जीवन जीने के लिए है। हम अपने जीवन में बहुत कुछ कर सकते हैं। हर एक कर सकता है। यह रोग किसी के लिए भी कष्टप्रद है। परंतु मेरे लिए अन्य लोगों की तुलना में वह कम कष्टमय लगा। उस दौरान एक युवती ने मेरा साथ दिया। मुझे जेन से प्यार हो गया। बाद में हमने विवाह किया। जेन ने मेरी बहुत सेवा-टहल और देखभाल की।

सू : आप पिता भी बने। जब आपने पिता बनने का निश्चय किया, तब आपके डॉक्टर को जरूर धक्का लगा होगा?

स्टीफन : निश्चित ही, परंतु वास्तव में मेरे सही डॉक्टर थे मेरे पिताजी। वे बोले कि तुम्हारी बीमारी आनुवंशिक नहीं है, इसलिए पिता होने में कोई खतरा नहीं है। जेन ने मेरी और मेरे दोनों बच्चों की खूब सेवा की।

सू : परंतु अब आप और जेन साथ नहीं रह रहे?

स्टीफन : मेरे ट्रकेई ऑपरेशन के बाद मेरे लिए चौबीस घंटे सेवा-टहल की आवश्यकता थी। इसका परिणाम हमारे संबंधों पर पड़ने लगा। इसी के कारण मैं अलग हो गया और कैंब्रिज में अलग फ्लैट लेकर रहने लगा।

सू : आपको अनेक सम्मान, पुरस्कार एवं उपाधियाँ मिलीं। आइजक न्यूटन की सम्मानित कुरसी पर आप विराजमान थे। ल्युकेशियन प्रोफेसर की कुरसी पर आज आप भी विराजमान हैं। ऐसा होने के बावजूद आपने सामान्य जनता के लिए पुस्तक लिखना तय किया। इसका सीधा कारण है कि आपको धन की बड़ी आवश्यकता थी?

स्टीफन : 'ए ब्रीफ हिस्ट्री ऑफ टाइम' पुस्तक लिखने का मुख्य कारण यह है कि वह लिखते समय मुझे आनंद मिला। गत पच्चीस वर्षों में हुए आविष्कारों का विहंगावलोकन करते हुए मैं प्रोत्साहित हो गया और लगता था कि मैं यह सब लोगों को बताऊँ।

सू : बिलकुल सही है, सच है। आपकी पुस्तक ने पूर्ववर्ती सभी रिकॉर्ड्स को निरर्थक कर दिया। दस लाख प्रतियाँ बिक गईं। लोगों ने बड़े चाव से पुस्तक खरीदी। फिर भी प्रश्न शेष रह जाता है कि इनमें से वाकई कितने लोगों ने पुस्तक पढ़ी होगी?

स्टीफन : दुनिया भर से लोगों के पत्र मेरे पास आते हैं, जिसमें वे पुस्तक अच्छी होने का आशय स्पष्ट करते हैं। यह नहीं कि सबने वह पुस्तक पढ़ी हो या सबकी समझ में आई हो, परंतु यह बात सच है कि हम जिस ब्रह्मांड में रह रहे हैं, वह तर्कघटित नियमों के अनुसार चलता है। इन नियमों को हम समझ सकते हैं और उनकी खोज कर सकते हैं। यह तत्त्व इस पुस्तक के कारण पाठकों की समझ में आ गया।

सू : क्या आपने टी.वी. पर 'स्ट्रार ट्रेक' देखा है? क्या उसे देखते समय आपको मजा आया? क्या आपने आनंद का अनुभव किया?

स्टीफन : वैज्ञानिक कहानी के साथ आगे बढ़नेवाला यह धारावाहिक। मैं कई विज्ञान-कथाएँ पढ़ता हूँ। वैज्ञानिक क्षेत्र में ही मैं कार्यरत हूँ। विज्ञान-कथा मुझे कुछ-कुछ सरल-सुलभ लगती है, परंतु सत्य का विज्ञान काल्पनिक विज्ञान की अपेक्षा अधिक उत्साह बढ़ानेवाला और प्रोत्साहित करनेवाला होता है। क्योंकि वह प्रत्यक्षत: घटित घटनाओं का अध्ययन करता है। कृष्ण विवर को ही लीजिए। विज्ञान कहानीकारों ने उसके अस्तित्व की कल्पना तक नहीं की। पहले वैज्ञानिकों ने अनुसंधान के क्षेत्र में वह परिकल्पना सामने रखी। आज तक उस अस्तित्व का बढ़िया आधार हमारे पास है।

सू : आप यदि कृष्ण विवर में गिर जाएँ तो क्या होगा?

स्टीफन : क्या होगा? मेरी स्पेगटी बन जाएगी। चिंताजनक बात यह है कि कृष्ण विवर काल नहीं है। वे कण और प्रारणों को बाहर फेंकते हैं। इसलिए कृष्ण विवर का धीरे-धीरे रूपांतरण होता है। ये सभी घटनाएँ दिलचस्प हैं। विज्ञान कहानीकारों का ध्यान अभी भी उसकी ओर नहीं गया।

सू : बाहर पड़नेवाले प्रारण को हम 'हॉकिंग प्रारण' कहते हैं। इसी आविष्कार के कारण आप ब्रह्मांड-निर्माण का गहन विचार करने लगे?

स्टीफन : सितारों से गिर जाने के कारण कृष्ण विवर का निर्माण होता है। इतनी जोर से गिरने के कारण वह कम घनत्व की अवस्था से

कैंब्रिज में अपने विद्यार्थियों के साथ प्रो. हॉकिंग

बहुत अधिक घनत्व की अवस्था में जाता है। इसके ठीक विपरीत ब्रह्मांड के प्रसरण के दौरान वह अधिक घनत्व की अवस्था से कम घनत्व की अवस्था में चला जाता है। इन दोनों में मूलतः अंतर है। हम कृष्ण विवर से बाहर हैं, परंतु ब्रह्मांड के अंदर हैं। साथ ही दोनों का ही गुणधर्म ऊष्म-प्रारण का निर्माण करना था।

सू : किसी समय आपको ब्रह्मांड-निर्माण के महाविस्फोट सिद्धांत पर विश्वास था, परंतु अब नहीं है। आपका आज का विश्वास या कथन यह है कि निर्माण के लिए कोई भी आरंभ नहीं था, न कोई अंत, अर्थात् ब्रह्मांड स्वयं है। क्या इसका तात्पर्य यह नहीं निकाला जा सकता कि ब्रह्मांड के निर्माण का कार्य घटित नहीं हुआ। इसलिए परमेश्वर का इस कार्य में न तो कोई स्थान है और न ही कोई हिस्सा है?

स्टीफन : आपने सभी बातों को कुछ अधिक ही सरल बना दिया है। महाविस्फोट के कारण ब्रह्मांड का आरंभ सही समय में हुआ है। परंतु उसके साथ दूसरे प्रकार का काल (समय) है, जो काल्पनिक है और असली काल से कोणीय है। संक्षेप में, ब्रह्मांड का निर्माण भौतिकी के नियमों से निश्चित किया जा सकता है। यह कहा नहीं जा सकता कि परमेश्वर ने अपने सनकी स्वभाव

से ब्रह्मांड-निर्माण किया और ब्रह्मांड उसी सनकी तरीके से आगे बढ़ रहा है। ईश्वर का अस्तित्व है या नहीं, इस संबंध में ये सिद्धांत कोई टिप्पणी नहीं करते। वे इतना ही बताते हैं कि वह सनकी नहीं है, मनमानी करनेवाला भी नहीं है।

सू : यदि परमेश्वर के अस्तित्व की संभावना न हो तो फिर विज्ञान के क्षेत्र से बाहर होनेवाली घटनाओं का अर्थ आप कैसे लगाएँगे?

स्टीफन : मेरे काम का एक निष्कर्ष यह है कि ब्रह्मांड की उत्पत्ति परमेश्वर के अपने सनकी स्वभाव से नहीं हुई। फिर भी यह प्रश्न शेष रह जाता है कि ब्रह्मांड के होने का क्या कारण है? शायद इसका उत्तर 'परमेश्वर की इच्छा' इन शब्दों में दिया जा सकता है।

सू : स्टीफन, आप डॉक्टर के अनुमान से तीस वर्ष बाद भी जीवित हैं। कहा जाता था कि आपकी संतान नहीं होगी। परंतु आप तीन बच्चों के पिता बने। आपने लोकप्रिय पुस्तक लिखी। आकाश और काल पर कई वर्षों से चली आ रही श्रद्धा और धारणाओं को आपने परिवर्तित कर दिया। इस ग्रह से कूच करने के पूर्व और कौन सा कार्य करने की आपकी मंशा है?

स्टीफन : मेरी इच्छा गुरुत्वाकर्षण, पुंजा यांत्रिकी और प्रकृतिगत अन्य बलों को एकत्रित कर एक महाएकीकृत सिद्धांत प्रस्तुत करने की है। विशेषकर कृष्ण विवर का अंत होने के बाद क्या घटित होता है, इसे जाँचने की मेरी बड़ी आकांक्षा है।

□

4

‘जीवन से जुड़ी सभी बातें मुझे पसंद हैं’

प्रश्न : आपको कौन सा संगीत पसंद है और क्यों? क्या वह आपको आराम पहुँचाता है? कृपया अपने प्रिय संगीतकार/बैंड/गायक/कलाकारों के नाम बताएँ।

उत्तर : मैं मुख्य रूप से शास्त्रीय संगीत सुनता हूँ—वेग्नर, ब्रह्म, मेहलर आदि; पर मुझे पॉप संगीत भी अच्छा लगता है। मुझे चरित्र के साथ संगीत पसंद है।

प्रश्न : ‘डीपीच मोड’ (एक संगीत समूह) में आपको क्या अच्छा लगता है? उनके कितने कार्यक्रम और अन्य कार्यक्रम आपने देखे-सुने हैं? मंगलवार की रात संगीत संध्या में आपके साथ कौन था?

उत्तर : इसके पहले मैंने ‘डीपीच मोड’ का कोई कार्यक्रम नहीं देखा है; लेकिन मेरा बेटा टिम उनका प्रशंसक है और वहाँ जाना चाहता था। मुझे सचमुच बहुत मजा आया, जबकि मैं ठीक स्पीकरों के सागने बैठा था और मेरे कान पिछले 24 घंटों से बज रहे हैं। उनमें सचमुच बहुत ऊर्जा है।

प्रश्न : विज्ञान एक बहुत गंभीर विषय है, लेकिन आपने इसे लोकप्रिय बनाने में मदद की है। जीवन में अन्य पहलुओं को आप कितना महत्त्वपूर्ण समझते हैं और समय बिताने के लिए आपके पसंदीदा काम कौन से हैं?

उत्तर : जीवन और इससे जुड़ी सभी बातें मुझे पसंद हैं। मैं अपने निजी रिश्तों में नहीं जाऊँगा, पर मेरी मुख्य गैर-वैज्ञानिक रुचियाँ संगीत और इतिहास हैं। और टिम से मुझे एक सूत्र पालन करने के लिए मिल गया है; कई कार्यक्रमों में हम साथ-साथ जाते हैं।

(एक अन्य साक्षात्कार)

□

पुस्तक खंड
समय का संक्षिप्त इतिहास

1

सृजन की कहानी

सन् 1980 में उनकी पुत्री लूसी ग्यारह वर्ष की हुई। उसे किसी अच्छे स्कूल में भरती करवाने के लिए पैसे चाहिए थे। अत: उन्होंने पुस्तक लिखकर पैसा कमाने के बारे में सोचा। उन्होंने विज्ञान से अधिक संबंधित न होनेवाले लोगों को ब्रह्मांड-निर्माण की गाथा बतानेवाली पुस्तक लिखने का निर्णय लिया। इस पुस्तक को छापने के लिए नॉर्टन और बैंटम दो प्रकाशकों में होड़ शुरू हो गई। अंतत: बैंटम ने बाजी मारी। लेखक को 25 लाख डॉलर की अग्रिम राशि देकर बैंटम ने अनुबंध पर हस्ताक्षर प्राप्त किए। पुस्तक-लेखन, प्रकाशन की सूचनाएँ, सुझाव आदि का आदान-प्रदान आरंभ हुआ। प्रकाशक पुस्तक सीधी-सादी भाषा में चाहते थे; उसमें गणितीय समीकरण जरा भी न हों। इसका तात्पर्य था—पुस्तक की बिक्री। यही कारण है कि पूरी पुस्तक में आइंस्टाइन का $E=Mc^2$ एक ही समीकरण है। हॉकिंग ने बैंटम को लिखा था—"मेरी इच्छा है कि यह पुस्तक हवाई-अड्डे के हर स्टॉल पर दिखनी चाहिए; बिक्री के लिए रखनी होगी; यात्रियों के हाथ में होनी चाहिए।" बैंटम ने उन्हें सुझाया—"वे एक कल्पना से दूसरी कल्पना शीघ्रता से बताते हैं। इससे पाठकों को उसे समझना मुश्किल होगा। इसलिए एक विचार से दूसरे विचार को प्रस्तुत करते समय धीरे-धीरे आगे बढ़ें, छलाँग न लगाएँ।" इसके परिणामस्वरूप हस्तलेख का कई बार पुनर्लेखन करना पड़ा। 'ए ब्रीफ हिस्ट्री ऑफ टाइम' नामक इस पुस्तक ने प्रकाशित होते ही कमाल कर दिया। सिर्फ इंग्लैंड में उसके 33 संस्करण निकाले गए;

अनेक भाषाओं में पुस्तक का अनुवाद हुआ। सर्वाधिक बिकने वाली पुस्तक के रूप में कई महीनों तक इसका नाम चहुँओर गूँजता रहा। पुस्तक के माध्यम से हॉकिंग को सामान्य शिक्षित समाज में मान्यता प्राप्त हुई। दुनिया भर के प्रत्येक शिक्षित व्यक्ति ने केवल स्टेटस सिंबल के रूप में पुस्तक खरीदी। लाखों लोगों ने इसे पढ़ा; हालाँकि यह हजारों की समझ में भी नहीं आई होगी। पुस्तक के मुख पृष्ठ पर हॉकिंग का व्हीलचेयर पर बैठे हुए चित्र छपा था, जिससे पाठकों के मन में सहानुभूति पैदा हुई थी। वे विश्व भर में 'हीरो' बने। युवकों की टी-शर्ट पर उनकी फोटो छपवाई गईं। कुछ लोगों ने यहाँ तक आरोप लगाया कि उनकी दयनीय हालत दिखाकर पाठकों की सहानुभूति पाने के लिए हॉकिंग और प्रकाशक का यह सम्मिलित प्रयास है। चाहे कुछ भी हो, लेकिन यह बात सही है कि पुस्तक की बिक्री से हॉकिंग परिवार को आर्थिक स्थिरता प्राप्त हुई।

इसी समय हॉकिंग स्विट्जरलैंड गए। वहाँ उन्हें न्यूमोनिया हो गया। साँस घुटने लगी तो डॉक्टर ने उनकी श्वास-नलिका हटाने का निर्णय लिया। डॉक्टर ने स्पष्ट किया कि इससे उनका जीवन तो बच सकता है, परंतु वे कभी बोल नहीं सकेंगे; मुँह से आवाज नहीं निकाल पाएँगे। वे बहुत धीमे बोलते थे, जिसे केवल आस-पास के लोग ही सुन-समझ सकते थे और वह आवाज भी अब बंद हो जाने वाली थी। फिर ऐसे जीने का क्या मतलब? परंतु जेन ने ऑपरेशन की अनुमति दे दी और उन्होंने फिर नई उमंग से जीना आरंभ किया। अब साँस लेने के लिए हॉकिंग मुँह या नाक का प्रयोग नहीं कर सकते थे। उनके गले में शर्ट की कॉलर के पीछे एक छेद छिपा हुआ था। अपने विचार बताने के लिए उनके पास एक ही मार्ग शेष था–प्रत्येक शब्द को सामने रखे बोर्ड पर दिखाया जाता। इच्छित अक्षर दिखने पर भौंहें ऊँची करके वे सहमति देते। ऐसे ही एक-एक शब्द या अनेक शब्दों का वाक्य तैयार किया जाता। यह काम बहुत जटिल और परिश्रम भरा था। परंतु जेन ने खुशी-खुशी उसे स्वीकार किया। पति को लेकर वह घर आई। उसका कहना था कि उन्हें अस्पताल की अपेक्षा घर पर अधिक आराम मिलेगा। घर पर मदद के लिए निजी परिचारिकाएँ थीं। अब उन्हें जीवन भर चौबीस घंटे सहायक की आवश्यकता थी। उनके दैनिक कार्य, स्नान, भोजन, कपड़े पहनना ये सब कार्य सहायक के बिना असंभव थे।

पति या पिता के रूप में हॉकिंग का जीवन अब समाप्त-सा हो गया था। जेन को लगता था कि अब उनका अंत करीब आ रहा है। उसने अमेरिका से सहायता प्राप्त करने की कोशिश की। इसके फलस्वरूप परिचारिकाओं को

वेतन के रूप में हर वर्ष 50 हजार पौंड की सहायता अमेरिका की एक संस्था (ट्रस्ट) ने दी। एक संस्था ने एक कंप्यूटर बनवाकर दिया। उसमें परदे पर निश्चित शब्द ढूँढ़ना हॉकिंग के लिए आसान हो गया। उसके लिए उँगलियों का सूक्ष्म उपयोग पर्याप्त था, वह भी यदि कर सकें तो। अन्यथा उनके सिर या आँखों के हिलने-डुलने से स्विच कार्यान्वित होता था। हॉकिंग ने इस कंप्यूटर के इस्तेमाल का अभ्यास किया; उसकी आदत डाली और वे प्रति मिनट दस अक्षर तैयार करने लगे। कंप्यूटर की स्मृति में 50 हजार शब्दों का संचय है, जो एक के बाद एक परदे पर आते हैं। उचित (इच्छित) शब्द सामने आते ही वे स्विच को कार्यान्वित करते हैं। एक-एक शब्द लेकर वाक्य तैयार करते हैं। तैयार किया गया प्रत्येक पूर्ण वाक्य परदे पर नीचे की ओर स्थिर रहता है। यह वाक्य संभाषण संश्लेषक (Speech Synthesiser) के पास भेजा जाता है। अपने समीकरण वे अक्षरों में लिखते हैं तथा कंप्यूटर समीकरण बनाता है। इस प्रकार हॉकिंग अपना व्याख्यान तैयार करते हैं और डिस्क पर सँभालकर रखते हैं। सभा में एक-एक वाक्य संश्लेषण उपकरण के माध्यम से परदे पर दिखाते हैं। संश्लेषण उपकरण से शब्दोच्चार की आवाज आती है। यद्यपि यह आवाज हॉकिंग या रोबोट की नहीं होती। ब्रिटिश आक्सेंट्स के होने पर प्रत्यक्षतः यह आवाज ईस्ट इंडियन ऑफसेट की है। फिर हॉकिंग से बोलते समय क्या हम मशीन के साथ बोल रहे हैं? क्या आवाज का उतार-चढ़ाव और उसके साथ मानवीय भावनाओं की अभिव्यक्ति उसमें हो सकती है? आरंभ में ऐसा कुछ लगता है, परंतु बाद में आदत हो जाती है।

हॉकिंग की विनोद-भाषण कला अभी जाग्रत् है। बड़ी अद्‌भुत बात है कि उनके भावहीन चेहरे पर जब हास्य प्रकट होता है तब जरा भी महसूस नहीं होता कि वे इतने शारीरिक कष्टों एवं पीड़ा से गुजर रहे हैं। उनसे मिलने आनेवाले प्रत्येक व्यक्ति को वे बताते रहते हैं—"मुझे सबकुछ मिल गया है, चिंता मत कीजिए।" कंप्यूटर का प्रयोग शुरू होने पर भी वे संतुष्ट हैं। वे अकसर कहते हैं—"अब मैं सबके साथ बोल सकता हूँ।" तब महसूस होता है बेजोड़ हिम्मत और धैर्य का मूर्तिमान रूप। हॉकिंग को घूमना या सैर करना पसंद है। वे देश-विदेश में यात्रा करते रहते हैं।

पत्र-पत्रिकाओं में चर्चा

पुस्तक प्रकाशित होने के बाद दुनिया की सभी पत्र-पत्रिकाओं ने हॉकिंग तथा उनकी बीमारी के बारे में विस्तार से लिखा। 'किस धैर्य से भौतिक विज्ञान ने ईश्वर का मन जाना है', इस प्रकार के शीर्षकवाले अनेक समाचार प्रकाशित

हुए। अनेक व्यक्तियों ने उनसे भेंट की; उनके साक्षात्कार लिये गए। सही अर्थ में दुनिया ने उन्हें 'हीरो' माना। वे समाज के लिए 'आदर्श' सिद्ध हुए। उनके एक साक्षात्कार में उनके बेटों ने कहा था–"वे जिद्दी हैं, दुराग्रही हैं। एक बार यदि उनके मन में कोई कल्पना (विचार) आ जाए तो वे बस उसी के पीछे पड़ जाते हैं और उसका निरंतर पीछा करते हैं, फिर उसके परिणाम की जरा भी परवाह नहीं करते। यह जिद और दुराग्रह उनके व्यक्तित्व के लिए आवश्यक है। वही उन्हें जीवित रखता है, जीने की ताकत देता है।"

कमाल की आशावादिता और दृढ़ निश्चय के कारण हॉकिंग का जीवन सफल बना। पहले उनकी चिंता और जिम्मेदारी का दायित्व परिवार तक ही सीमित था। परंतु बाद में दुनिया के सभी वैज्ञानिकों को उनके प्रति चिंता महसूस होने लगी। कई मुसीबतों और शारीरिक पीड़ा के रहते हुए भी जीवन को कैसे आनंदकर बनाया जा सकता है, इस बात को उन्होंने हजारों विकलांगों को दिखा दिया। वे मानते हैं–"मैं कोई मार्गदर्शक नहीं, बल्कि एक सीधा-सादा आदमी हूँ।"

यदि बीमारी को छोड़ दिया जाए तो हॉकिंग बड़े ही भाग्यशाली हैं। बहुत कम लोग इतने कमाल के बुद्धिमान होते हैं; बहुत कम लोगों की संतानें इतनी अच्छी बनती हैं और बहुत ही कम लोगों को जेन जैसी जी-जान से सेवा करने वाली पत्नी मिलती है। जेन कहती है–"मेरे पति यदि अध्यापक होते तो 50 हजार पौंड की सहायता हमें कभी नहीं मिलती। वे नर्सिंग होम में अकेले घर-परिवार से दूर पड़े होते।"

इस भव्य-दिव्य जीवन की काली किनारी भी है। कुछ आलोचकों की राय में बीमार होने के कारण सिर्फ अनुसंधान पर आधारित पुस्तक से जितनी लोकप्रियता उन्हें मिली, उतनी वे यदि स्वस्थ होते तो नहीं मिलती। उन्होंने अपनी दयनीय दशा को 'मुद्दा' बनाया और व्हीलचेयर पर बैठकर खिंचवाई गई अपनी तसवीर को पुस्तक के मुखपृष्ठ पर प्रकाशित किया। परंतु हॉकिंग का कभी यह मंतव्य नहीं रहा। इतना निश्चित था कि सभी लोग उन्हें उनके वैज्ञानिक आविष्कारों के साथ असीम धैर्य के लिए पहचानते हैं। अपार बुद्धिमत्ता, असीम धैर्य और बेजोड़ हिम्मत के संयोग से उनका जीवन सुंदर बना। प्रतिकूल परिस्थितियों में सबकुछ विपरीत रहते हुए भी उन्होंने परिश्रमपूर्वक जीने की हिम्मत दिखाई। यही कारण है कि वे दुनिया के लाखों लोगों के प्रेरणास्रोत बने। मुसीबत में भी जीवन कितना सुखकर हो सकता है, यह उन्होंने सिखाया और दिखा भी दिया।

□

2

हीरो बने स्टीफन हॉकिंग

वर्ष 1988 में वसंत ऋतु के पहले महीने में अमेरिका के सभी बुक स्टॉलों पर इस पुस्तक की प्रतियाँ रखी गईं। एक प्रति का मूल्य था 14.99 डॉलर; पेपरबैक प्रति थी ही नहीं। उद्घाटन का कार्यक्रम न्यूयॉर्क के रॉकफियर संस्था में रखा गया था। दिन भर यह कार्यक्रम चलता रहा। सायंकाल जब कार्यक्रम समाप्त हुआ, स्टीफन हॉकिंग उतने ही प्रसन्न थे, जितने वे सुस्त थे। अपनी व्हीलचेयर पर बैठकर वे हर अतिथि से मिल रहे थे। रात को नदी के किनारे दावत थी। हॉकिंग की व्हीलचेयर घुमाने की गति इतनी थी कि जेन को निरंतर डर बना रहता था कि कहीं व्हीलचेयर नदी के पानी में ही न घुस जाए। इस

अद्भुत प्रसिद्धि : कैंब्रिज में कार्यालय के निकट प्रो. हॉकिंग की प्रतिमाएँ

जाए। इस समारोह की भव्यता से हॉकिंग बहुत प्रभावित एवं प्रोत्साहित हुए थे। पूरा वातावरण उत्साह से ओतप्रोत था।

आरंभ में बैंटम कंपनी ने इस पुस्तक का विज्ञापन नहीं किया तथा दुकान में भी उसकी प्रतियों को महत्त्वपूर्ण स्थान नहीं मिला। कुछ ही दिनों में मुसीबत आ गई। बैंटम संस्था के एक संपादक ने पुस्तक को सतही तौर पर देखा और एक गलती उनके ध्यान में आई। पुस्तक में दो छायाचित्र गलत स्थान पर छप गए थे।

अचानक मुसीबत खड़ी हो गई। कुल 40 हजार प्रतियाँ बाजार में बँट चुकी थीं; वे स्टॉल पर रखी हुई थीं। उन्हें वापस उठाना आवश्यक था। सभी दुकानों के मैनेजरों से फोन द्वारा संपर्क स्थापित किया गया और संदेश दिया गया–'हमसे गलती हुई है, इसलिए सभी प्रतियाँ वापस भेजिए।' हर दुकान से उत्तर मिला–"यह संभव नहीं, क्योंकि सभी प्रतियाँ समाप्त हो गई हैं।"

बैंटम के लिए यह आनंद भरा धक्का था। दो-तीन दिनों में 40 हजार प्रतियों की खपत उनके लिए अनपेक्षित थी। बैंटम का संपादक मंडल बड़ा चतुर था। उन्हें तुरंत पुस्तक की भविष्यकालीन खपत का अनुमान हो गया। गलती ठीक की गई और नई प्रतियाँ छपवाकर तुरंत दुकानों में भेजी गईं।

'टाइम' मासिक पत्रिका में पुस्तक के बारे में समीक्षा प्रकाशित हुई। उसी के आधार पर पूरे अमेरिका की प्रमुख मासिक पत्रिकाओं एवं पत्रों में भी टाइम जैसी ही अनुकूल समीक्षाएँ प्रकाशित हुईं। कुछ ही सप्ताहों में यह पुस्तक अधिक बिक्री की सूची में आ गई। केवल पुस्तक का ही नहीं, बल्कि हॉकिंग का बड़ा पोस्टर भी दुकान के अगले हिस्से में लगाया गया।

वर्ष 1988 की गरमी में अर्थात् चार महीनों की अवधि में यह पुस्तक प्रथम नंबर पर थी और उसकी पाँच लाख प्रतियों की बिक्री हुई थी। स्टीफन हॉकिंग को वैज्ञानिक के रूप में अपार ख्याति मिली। युवक एवं वयस्क हॉकिंग के चित्रों की शर्ट पहनकर बड़ी शान से घूमने लगे।

वर्ष 1988 के जून महीने में इंग्लैंड में पुस्तक का प्रकाशन हुआ और वहाँ भी पुस्तक को अमेरिका जैसी ही लोकप्रियता मिली। प्रकाशन के बाद केवल एक सप्ताह में लंदन की दुकानों में रखी गई पुस्तक की सभी प्रतियाँ समाप्त हो गईं। नई प्रतियाँ मिलना मुश्किल हो गया। वर्ष 1991 तक पुस्तक के बीस संस्करण निकले। हर महीने सामान्यतया लगभग पाँच हजार प्रतियों की खपत होती। एक दुकानदार ने कहा था–'इसकी बिक्री धार्मिक पुस्तक जैसी हो

रही है।' विश्व विज्ञान अनुसंधान पत्रिका 'नेचर' और 'डेली मेल' में समीक्षा अनुकूल थी। हॉकिंग की लोकप्रियता इतनी बढ़ गई कि किस संवाददाता को भेंट का समय देना है, इसका निर्णय वे स्वयं करने लगे। उन्हें लगता था कि रेडियो के माध्यम से जनसामान्य को उनकी पुस्तक की जानकारी मिले। उनकी इच्छा थी कि बढ़ई, प्लंबर, बिजली मिस्त्री आदि भी उनकी पुस्तक पढ़ें। वे कहते थे कि उसके साथ डॉक्टर, इंजीनियर, विज्ञान के अध्येता, छात्र आदि में भी पुस्तक पढ़ने का आकर्षण पैदा होना चाहिए। सुप्रसिद्ध संगीतकार को जो लोकप्रियता मिलती है, वैसी मेरी पुस्तक को भी मिली है। इसलिए मैं बहुत खुश हूँ। विज्ञान नए समाज का अत्यंत महत्त्वपूर्ण भाग है। इसलिए उसके प्रति सबको कुछ जानकारी अवश्य होनी चाहिए, ऐसा उन्हें लगता था।

इस पुस्तक ने सन् 1998 तक बिक्री के सारे पुराने रिकॉर्ड्स तोड़ दिए। हॉकिंग की लोकप्रियता अपार रूप से बढ़ गई। रास्ते में देखते ही लोग उन्हें रोककर उनसे बात करने की इच्छा व्यक्त करने लगे। 'नेचर' के संपादक ने लिखा भी था कि विज्ञान के तथाकथित सामाजिक उत्थान के लिए जिन्हें चिंता महसूस होती है, उन्हें बताना है कि केवल अमेरिका में ही पुस्तक की छह लाख प्रतियों की खपत हुई है। जनसामान्य में उनकी पुस्तक लोकप्रिय हो, हॉकिंग की यह इच्छा पूरी हो गई। विज्ञान का एक प्रोफेसर कार धुलवाने के लिए एक गैराज में रुका हुआ था। वहाँ के एक कर्मचारी ने उससे पूछा, "आप प्रोफेसर हॉकिंग को जानते हैं? वे मेरे हीरो हैं।"

"इस पुस्तक की अपार लोकप्रियता का राज क्या है? 14.99 डॉलर मूल्य की इस पुस्तक की पाँच लाख प्रतियाँ इंग्लैंड में बिक जाएँ; लगातार तीन वर्ष तक सबसे अधिक बिक्रीवाली पुस्तक के रूप में उसका नाम दर्ज हो! जिस प्रकार विधाता का रहस्य चमत्कारपूर्ण एवं अद्‌भुत है, वैसे ही इस पुस्तक की लोकप्रियता रहस्यमयी है। इस रहस्य को जो उद्‌घाटित करेगा, उसे मेरी ओर से पुरस्कार दिया जाएगा।" इस प्रकार की उद्‌घोषणा बर्नार्ड लावर्टन ने 'टाइम' के अपने आलेख में की थी।

इसके कई उत्तर मिले।

स्टीफन हॉकिंग की माँ इसोबेल हॉकिंग का उत्तर अत्यंत महत्त्वपूर्ण है। वे लिखती हैं–

"पुस्तक पढ़ते समय आनंद मिलता है। संकल्पना कठिन है, परंतु भाषा सहज-सरल है। पुस्तक दिखावा नहीं है, न उसने वाचक-पाठक को हेय माना

है, न ही ताने मारे हैं। स्टीफन की इच्छा है कि उसकी अपनी संकल्पनाएँ किसी भी जिज्ञासु पाठक की समझ में आएँ। इससे उसने अपनी विकलांगता को मात दी थी, जो उसकी लोकप्रियता का एक कारण है। यह सच है कि पुस्तक मेरी समझ में नहीं आई, फिर भी मैंने वह अंतिम पृष्ठ तक पढ़ ली।''

हॉकिंग के सहायकों एवं मित्रों में भी इस पुस्तक के संबंध में भिन्न-भिन्न राय है। कुछ व्यक्तियों को पुस्तक पसंद आई, जबकि कुछ को नहीं। पुस्तक में गैलीलियो, न्यूटन, आइंस्टाइन की संपूर्ण जीवनी और फोटो देकर हॉकिंग ने क्या पाया अथवा उन्हें क्या प्राप्त करना था? यह तो नहीं कि प्रस्तुत पुस्तक में लेखक ने इन तीन व्यक्तियों की उपहासपूर्ण आलोचना की हो। इसका उन्होंने साफ उत्तर भी दिया कि 'हाँ, उनकी उतनी योग्यता है।'

विख्यात रूसी वैज्ञानिक आंद्रेई ए. लेवचेनको ने इस संदर्भ में एक उद्बोधक अनुभव बताया–

हवाई जहाज में मेरे निकट बैठे सहयात्री 'ए ब्रीफ हिस्ट्री ऑफ टाइम' पुस्तक पढ़ रहे थे।

''यह पुस्तक कैसी है?'' आंद्रेई ए. लेवचेनको ने पूछा।

''आकर्षक, बिलकुल दिल को छूनेवाली।''

''मैंने भी पढ़ी है यह पुस्तक। लेकिन मेरे पल्ले तो कुछ भी नहीं पड़ा।'' आंद्रेई ने कहा।

कुछ देर तक कोई कुछ नहीं बोला।

''क्या आप वैज्ञानिक हैं?'' आंद्रेई ने पूछा।

''नहीं, मैं एक व्यापारी हूँ।''

''अच्छा!''

उस सहयात्री ने पुस्तक बंद की और गोद में रखकर बोला, ''अब मैं आपको यह पुस्तक समझा देता हूँ।''

आंद्रेई ए. लेवचेनको जैसे विश्वविख्यात भौतिकी वैज्ञानिक को वह व्यापारी ब्रह्मांड-निर्माण के बारे में, कृष्ण विवर के विषय में और काल्पनिक काल परिकल्पना के संबंध में जानकारी देने को भी उत्सुक था।

पुस्तक की लोकप्रियता का यह अनुपम उदाहरण था।

□

3

क्या है 'समय का संक्षिप्त इतिहास' में

'एब्रीफ हिस्ट्री ऑफ टाइम' या 'समय का संक्षिप्त इतिहास' पुस्तक स्टीफन हॉकिंग की एक कालजयी कृति है। इसमें हॉकिंग ने विभिन्न विषयों पर चर्चा की है। पुस्तक के आरंभिक अध्याय में भौतिक विज्ञान का इतिहास खँगाला गया है। अरस्तू और टॉलेमी जैसे दार्शनिकों की अवधारणाओं की चर्चा की गई है। अपने समय के अन्य लोगों से भिन्न अरस्तू का यह मानना था कि पृथ्वी गोलाकार है। उनका यह भी मानना था कि सूर्य और तारे पृथ्वी की परिक्रमा करते थे। ब्रह्मांड में सूर्य और सितारों की अवस्थिति के बारे में भी टॉलेमी ने अनुसंधान किए थे। उन्होंने अरस्तू की सोच के अनुरूप ग्रहों का एक मॉडल भी बनाया था। आज हमें मालूम है कि इसका विपरीत सच है, अर्थात् पृथ्वी सूर्य का चक्कर लगाती है। अरस्तू/टॉलेमी की सितारों और सूर्य की अवस्थिति की अवधारणा सन् 1609 में असत्य सिद्ध हुई। निकोलस कोपर्निकस ने पहले-पहल यह विचार उछाला कि पृथ्वी सूर्य का चक्कर लगाती है। बाद में दो अन्य वैज्ञानिकों गैलीलियो गैलिली एवं जोहांस कैपलर ने भी कोपर्निकस के सिद्धांत की पुष्टि की। आइजक न्यूटन ने गुरुत्वाकर्षण के बारे में एक पुस्तक लिखी, जिसने कोपर्निकस के सिद्धांत को सही साबित करने में मदद की।

दूसरे अध्याय में हॉकिंग ने अंतरिक्ष और समय की चर्चा की है। उन्होंने ग्रहों की सूर्य के चारों ओर की गति तथा ग्रहों और सूर्य के बीच गुरुत्वाकर्षण कैसे काम करता है, इस बारे में चर्चा की है। उन्होंने परम विराम और निरपेक्ष स्थिति की भी चर्चा की है। परम विराम की अवधारणा तब काम नहीं करती

जब वस्तुएँ बहुत तेज (प्रकाश की गति पर) गति करती हैं।

प्रकाश-गति (speed of light) की खोज सन् 1676 में डेनमार्क के खगोलविद् ओले क्रिस्टेनसन रोमर (Ole Christensen Romer) ने की थी। यह देखा गया कि प्रकाश की गति बहुत तेज थी, लेकिन परिमित गति थी। हालाँकि वैज्ञानिक परेशानी में पड़ गए, जब उन्होंने यह कहने की कोशिश की कि प्रकाश हमेशा एक समान गति में यात्रा करता है। वैज्ञानिकों ने एक नई अवधारणा बनाई, जिसे 'ईथर' कहा गया, जिसने प्रकाश-गति की व्याख्या करने की कोशिश की।

लेकिन अलबर्ट आइंस्टाइन का मानना था कि परम समय के विचार को स्थगित करने के बाद 'ईथर' जैसे किसी दूसरे विचार को अपनाने की जरूरत नहीं थी। आइंस्टाइन का विचार हेनरी पोइंकेअर के विचार के समान था। आइंस्टाइन की इस अवधारणा को 'आपेक्षिकता का सिद्धांत' कहा जाता है।

इस अध्याय में प्रकाश की चर्चा करते हुए स्टीफन हॉकिंग ने कहा है कि ब्रह्मांड की घटनाओं को प्रकाश-शंकुओं में वर्णित किया जा सकता है। शंकु के शीर्ष का प्रकाश यह बताता है कि घटना से प्रकाश किस ओर यात्रा करेगा। निचला भाग बताता है कि अतीत में प्रकाश कहाँ था। प्रकाश-शंकु का केंद्र वह स्थान होता है, जहाँ घटना घटित होती है। प्रकाश शंकुओं के अलावा स्टीफन हॉकिंग ने प्रकाश के मुड़ने के बारे में भी वर्णन किया है। जब प्रकाश किसी बड़ी चीज, जैसे तारे की ओर जाता है तो उसकी दिशा बदल जाती है, क्योंकि तारे में बहुत अधिक गुरुत्वाकर्षण होता है।

प्रकाश की चर्चा के बाद हॉकिंग ने आइंस्टाइन के आपेक्षिकता के सिद्धांत में समय के बारे में बात की है। आइंस्टाइन का सिद्धांत एक भविष्यवाणी कहता है कि जब कोई वस्तु किसी बड़ी वस्तु, जैसे कि पृथ्वी के निकट होगी तो समय धीरे-धीरे गमन करेगा। लेकिन जब कोई वस्तु किसी बड़ी वस्तु से काफी दूर होगी तो समय तेजी से गमन करेगा। अपनी अवधारणा के स्पष्टीकरण के लिए हॉकिंग ने भिन्न स्थानों पर रहनेवाले दो जुड़वाँ बच्चों के विचार का उपयोग किया। अगर एक जुड़वाँ बच्चा किसी ऊँचे स्थान, जैसे कि पर्वतीय प्रदेश, में रहने के लिए चला जाता है और दूसरा जुड़वाँ बच्चा किसी निचले स्थान, जैसे कि समुद्र-तट के निकटवर्ती स्थान पर रहने लगता है तो पर्वतीय प्रदेश में रहने वाला बच्चा समुद्रवर्ती प्रदेश में रहनेवाले बच्चे से उम्र में थोड़ा बड़ा होगा।

तीसरे अध्याय में हॉकिंग ने ब्रह्मांड के विस्तार के बारे में चर्चा की है। उनका मानना है कि ब्रह्मांड लगातार फैलता ही जा रहा है। वे 'डॉपलर प्रभाव' द्वारा अपनी अवधारणा को समझाते हैं। 'डॉपलर प्रभाव' तब घटित होता है जब कोई वस्तु किसी दूसरी वस्तु की तरफ गति करती है या उससे परे छिटकती है। 'डॉपलर प्रभाव' के अंतर्गत दो तरह की घटनाएँ होती हैं–'लाल प्रभाव' और 'नीला प्रभाव'। 'लाल प्रभाव' तब होता है जब कोई वस्तु हमसे दूर हटती है। 'नीला प्रभाव' तब होता है जब कोई वस्तु हमारी ओर आती है। एडविन हब्बल नामक एक वैज्ञानिक ने पाया कि अनेक सितारे लाल आभासित हो रहे हैं और हमसे दूर हट रहे हैं। हॉकिंग ने 'डॉपलर प्रभाव' का उपयोग यह समझाने के लिए किया कि ब्रह्मांड बड़े-से-बड़ा होता जा रहा है। ब्रह्मांड की उत्पत्ति महाविस्फोट या 'बिग बैंग' से हुई। महाविस्फोट एक बृहत् विस्फोट था, जिससे यह ब्रह्मांड अस्तित्व में आया।

चौथा अध्याय अनिश्चितता के सिद्धांत के बारे में है। अनिश्चितता के सिद्धांत के अनुसार किसी कण की गति और स्थिति (जहाँ वह अवस्थित है) एक ही समय में ज्ञात नहीं किए जा सकते। कण कहाँ पर है, यह ज्ञात करने के लिए वैज्ञानिक उस कण पर प्रकाश डालते हैं। अगर उच्च आवृत्ति के प्रकाश का उपयोग किया जाता है तो कण की स्थिति अधिक सटीकता से प्राप्त की जा सकती है। लेकिन कण की गति अज्ञात रहती है, क्योंकि प्रकाश उसकी गति में परिवर्तन कर देता है। अगर निम्न आवृत्ति के प्रकाश का उपयोग किया जाता है तो प्रकाश उस कण की गति को अधिक सटीकता से ज्ञात कर सकता है। लेकिन कण की स्थिति अज्ञात रहती है।

प्रकाश कैसे व्यवहार करता है, इसकी भी इस अध्याय में चर्चा है। कुछ सिद्धांत कहते हैं कि प्रकाश कणों की तरह क्रिया करते हैं, यद्यपि वे तरंगों के बने होते हैं; एक सिद्धांत कहता है कि यह प्लांक की क्वांटम परिकल्पना है। एक अन्य सिद्धांत यह भी कहता है कि प्रकाश-तरंगें कणों की तरह भी क्रिया करती हैं; एक सिद्धांत कहता है कि यह हेइंसेनबर्ग का अनिश्चितता का सिद्धांत है।

प्रकाश तरंगों के शीर्ष और गर्त होते हैं। तरंग का सर्वोच्च बिंदु शीर्ष या चोटी होती है और तरंग का सबसे निचला बिंदु गर्त या जड़ होता है। कभी-कभी एक से अधिक तरंगें आपस में जुड़कर गमन कर सकती हैं। इसे प्रकाश का जुड़ाव कहते हैं। जब प्रकाश-तरंगें परस्पर जुड़ती हैं तो इससे अनेक रंग बनते हैं। इसका एक उदाहरण है–साबुन के बुलबुलों में अनेक रंगों का होना।

पाँचवें अध्याय में मूल कण और अन्य आरंभिक कणों (अति सूक्ष्म चीजों) का वर्णन है।

मूल कण अति सूक्ष्म वस्तुएँ हैं, जिनसे वे सारी वस्तुएँ बनती हैं, जो हमें दिखाई देती हैं। मूल कण छह प्रकार के होते हैं–ऊर्ध्व कण (Up Quark), अध: कण (Down Quark), अद्भुत कण (Strange Quark), आकृष्ट कण (Charmed Quark), अधस्थ कण (Bottom Quark) और शीर्ष कण (Top Quark)। कणों के तीन रंग भी होते हैं–लाल, भूरा और नीला। इनके अलावा प्रति-मूलकण भी होते हैं, जो नियमित मूल कणों से विपरीत प्रकृति के होते हैं। नियमित मूल कण संख्या में कुल 18 विभिन्न प्रकार के होते हैं और प्रति-मूल कण भी इतने ही प्रकार के होते हैं। मूल कणों को पदार्थों का भवन-निर्माता कहा जाता है, क्योंकि वे सबसे छोटी चीजें हैं, जो ब्रह्मांड की सभी वस्तुओं का निर्माण करती हैं।

सभी कणों (उदाहरण के लिए मूल कण) में प्रचक्रण (Spin) होता है। प्रचक्रण से हमें यह ज्ञात होता है कि विभिन्न दिशाओं से कोई कण हमें कैसा दिखाई देता है। उदाहरण के लिए, 0 प्रचक्रणवाला कोई कण सभी दिशाओं से एक समान दिखाई देता है। 1 प्रचक्रणवाला कोई कण सभी दिशाओं से भिन्न दिखाई देता है, जब तक कि उसे पूरा न घुमा दिया जाए, अर्थात् 360 डिग्री में न घुमा दिया जाए। स्टीफन हॉकिंग के 1 प्रचक्रणवाले उदाहरण का कण एक तीर है। इसे यदि आधा या 180 डिग्री में घुमा दिया जाए, तभी यह एक सा दिखाई देगा। पुस्तक में दोहरे सिरवाले तीर का उदाहरण दिया गया है।

ब्रह्मांड में कणों के दो समूह पाए जाते हैं–आधे (या 1/2) प्रचक्रण (spin) वाले कण और 0, 1 या 2 प्रचक्रणवाले कण। ये सभी कण पाउले के अपवर्जन के सिद्धांत का पालन करते हैं। पाउले का अपवर्जन का सिद्धांत कहता है कि दो कण न तो एक सी स्थिति में रह सकते हैं, न उनका वेग एक समान रह सकता है। अगर पाउले का अपवर्जन सिद्धांत अस्तित्व में न आया होता तो यह ब्रह्मांड गड्डमड्ड होकर 'सूप' जैसा हो जाता।

0, 1 या 2 प्रचक्रणवाले कण तेज गति से एक से दूसरे कण की ओर गतिशील होते हैं। इन कणों के कुछ उदाहरण हैं–आभासी ग्रेविटोन एवं आभासी फोटोन। आभासी ग्रेविटोन 2 प्रचक्रणवाले होते हैं और वे गुरुत्व बल का प्रतिनिधित्व करते हैं। इसका अर्थ है कि जब गुरुत्व बल दो वस्तुओं को

प्रभावित करता है तो गुरुत्वाकर्षण उन दो वस्तुओं के आगे-पीछे गति करता है। आभासी फोटोन 1 प्रचक्रणवाले होते हैं और विद्युत्-चुंबकीय बलों का प्रतिनिधित्व करते हैं।

गुरुत्व-बल और विद्युत्-चुंबकीय बलों के अलावा इनमें क्षीण एवं प्रबल नाभिकीय बल भी पाए जाते हैं। क्षीण नाभिकीय बल वे बल हैं, जो रेडियोधर्मिता के कारण बनते हैं। क्षीण नाभिकीय बल आधे प्रचक्रणवाले कणों पर लागू होते हैं। प्रबल नाभिकीय बल वे बल हैं, जो न्यूट्रॉन एवं प्रोटॉन में मूल कणों को संगठित रखते हैं और प्रोटॉन एवं न्यूट्रॉन को परमाणु के नाभिक में बनाए रखते हैं। प्रबल नाभिकीय बल-वाहक कणों को ग्लुओन कहा जाता है। ग्लुओन 1 प्रचक्रणवाले कण होते हैं। प्रोटॉन एवं न्यूट्रॉन की संरचना के लिए ग्लुओन मूल कणों को अपने साथ संगठित रखते हैं। हालाँकि ग्लुओन केवल तीन भिन्न रंगोंवाले मूल कणों को संगठित रखते हैं। ऐसे एक त्रिक से ही किसी प्रोटॉन एवं न्यूट्रॉन की संरचना होती है, लेकिन इससे उत्पन्न पदार्थ रंगहीन होता है। इसे परिरोध या कैद (Confinement) कहते हैं।

कुछ वैज्ञानिकों ने एक ऐसे सिद्धांत के प्रतिपादन की कोशिश की है, जो विद्युत् चुंबकीय बल, क्षीण नाभिकीय बल और प्रबल नाभिकीय बल को जोड़ता है। इस सिद्धांत को महाएकीकृत सिद्धांत (Grand Unified Theory) कहते हैं। यह सिद्धांत इन बलों को एक विराट् सिद्धांत के रूप में व्यक्त करने की कोशिश करता है।

छठे अध्याय में कृष्ण विवर (Black Holes) के बारे में चर्चा है। कृष्ण विवर दरअसल तारे हैं, जो एक अति सूक्ष्म बिंदु में गिर पड़ते हैं। इस अति सूक्ष्म बिंदु को विलक्षणता बिंदु (Singularity) कहते हैं। कृष्ण विवर वस्तुओं को अपने केंद्र में सटक लेते हैं, क्योंकि इनका गुरुत्वाकर्षण बल अत्यंत प्रबल होता है। ये प्रकाश और तारों को भी हड़प लेते हैं। केवल अति भीमकाय तारे ही कृष्ण विवर बनते हैं। दूसरे शब्दों में कहें तो सूर्य से आकार में डेढ़ गुना या अधिक बड़े तारे ही कृष्ण विवर बनते हैं। इस संख्या को 'चंद्रशेखर सीमा' कहते हैं। अगर तारे का द्रव्यमान चंद्रशेखर 'सीमा से कम होता है तो वह कृष्ण विवर में नहीं बदलेगा' बल्कि वह एक छोटे प्रकार के तारे में बदल जाएगा। कृष्ण विवर की सीमा-रेखा को घटना-क्षितिज (Event Horizon) कहते हैं। घटना-क्षितिज में प्रविष्ट कोई भी चीज कृष्ण विवर से कभी बाहर नहीं निकल पाती है।

कृष्ण विवर अलग-अलग आकार-प्रकार के होते हैं। कुछ कृष्ण विवर पूर्ण गोलाकार–गेंद के आकार के–होते हैं। कुछ कृष्ण विवर बीच से फूले हुए होते हैं। नहीं घूमनेवाले कृष्ण विवर गोलाकार होते हैं। जो कृष्ण विवर घूमते हैं, वे बीच से फूले हुए होते हैं।

कृष्ण विवरों को ढूँढ़ना अत्यंत कठिन है, क्योंकि उनसे किसी तरह का प्रकाश उत्सर्जित नहीं होता। जब कृष्ण विवरों को अन्य तारे आकर्षित कर अपने में समाहित कर लेते हैं, इस प्रकार के कृष्ण विवर एक्स-किरणें उत्सर्जित करते हैं, जिन्हें दूरबीनों से देखा जा सकता है।

इस अध्याय में यह भी चर्चा है कि स्टीफन हॉकिंग ने एक वैज्ञानिक किप क्रोम से शर्त लगाई कि कृष्ण विवर नहीं होते, क्योंकि वे नहीं चाहते थे कि कृष्ण विवर पर उनका शोध व्यर्थ चला जाए। और वे शर्त हार गए।

अध्याय 7 में भी कृष्ण विवर की चर्चा की गई है।

स्टीफन हॉकिंग का मानना है कि कृष्ण विवर का घटना-क्षितिज नित्य-प्रति आकार में बढ़ता जाता है। कृष्ण विवर में जब कोई वस्तु गिरती है तो कृष्ण विवर के घटना-क्षितिज का क्षेत्रफल बढ़ जाता है। उनका यह भी मानना है कि जब दो कृष्ण विवर जुड़ते हैं तो नए घटना-क्षितिज का आकार दोनों के घटना-क्षितिज के आकारों के योग से अधिक होता है। इसका अर्थ यह हुआ कि कृष्ण विवर के घटना-क्षितिज का आकार कभी घट नहीं सकता।

अव्यवस्था को 'एंट्रोपी' (एक भौतिक राशि) भी कहते हैं। यह कृष्ण विवर से जुड़ी है। एंट्रोपी से संबद्ध एक नियम है, जिसे ऊष्मा गतिकी के दूसरे नियम के रूप में जाना जाता है। यह नियम कहता है कि एंट्रोपी किसी वियुक्त निकाय (Isolated System), जैसे कि ब्रह्मांड, में हमेशा बढ़ेगा। कृष्ण विवर में एंट्रोपी के आकार और कृष्ण विवर के घटना-क्षितिज के आकार के बीच के संबंध के बारे में प्रिंस्टन विश्वविद्यालय में जैकब बेकेंस्टीन नामक एक शोध-छात्र ने सबसे पहले सुझाव दिया और कहा कि घटना-क्षितिज का क्षेत्रफल ही कृष्ण विवर की एंट्रोपी का माप है। बाद में स्टीफन हॉकिंग ने इसका सत्यापन किया। हॉकिंग ने आकलन किया कि कृष्ण विवर से विकिरण उत्सर्जित होता है। यह एक आश्चर्य ही था कि यह पहले से ही कहा जाता था कि कृष्ण विवर के घटना-क्षितिज से कोई नहीं बच सकता।

इस समस्या का हल तब निकला जब 'आभासी कणों' के जोड़ों की

अवधारणा सोची गई। इसके अनुसार, जोड़े के एक प्रकार के कण कृष्ण विवर में गिर पड़ें और दूसरे वहाँ से पलायन कर जाएँ। इससे दूर किसी प्रेक्षक को ऐसा लगेगा मानो कृष्ण विवर से कणों का उत्सर्जन हो रहा है। यह अवधारणा पहले-पहल बड़ी अनोखी लगी, लेकिन कुछ समय बाद बहुत से लोगों ने इसे मान लिया।

आठवें अध्याय में ब्रह्मांड के उद्‌भव और उसकी नियति पर चर्चा है।

अधिकतर वैज्ञानिकों का यह मानना है कि ब्रह्मांड की संरचना महाविस्फोट या बिग बैंग से हुई। इसके लिए बनाए गए मॉडल को 'हॉट बिग बैंग मॉडल' कहा जाता है। जैसे-जैसे ब्रह्मांड का आकार बढ़ता गया, इसके भीतर अवस्थित वस्तुएँ ठंडी होती चली गईं। जब ब्रह्मांड सबसे पहले निर्मित हुआ था, तब यह अपरिमित रूप से गरम था। धीरे-धीरे तापमान घटा और ब्रह्मांड के भीतर अवस्थित वस्तुएँ परस्पर घनीभूत होने लगीं।

स्टीफन हॉकिंग ने भी ब्रह्मांड की रचना के विषय में चर्चा की है। उदाहरण के लिए, अगर ब्रह्मांड बनने के फौरन बाद नष्ट हो जाता है तो वहाँ जीवन के लिए पर्याप्त समय नहीं मिल पाता। इसी प्रकार अगर कोई ब्रह्मांड तेजी से विस्तार करता है तो करीब-करीब वह रिक्त होगा। बहुत से ब्रह्मांडों की अवधारणा को 'नृ-सिद्धांत' कहते हैं।

इस अध्याय में स्फीतिकारी मॉडल तथा गुरुत्व बल एवं क्वांटम यांत्रिकी के मिलान के सिद्धांत की अवधारणा पर भी चर्चा है।

प्रत्येक कण अपने में इतिहास की एक बड़ी शृंखला समेटे रखता है। इस अवधारणा को फाइनमैन के इतिवृत्तों के योगफल का सिद्धांत कहते हैं।

नौवें अध्याय में काल के तीर की चर्चा है।

काल्पनिक काल या समय—अंतरिक्ष या आकाश में दिशाओं से अविभेद्य होता है। यदि कोई उत्तर दिशा की ओर जा सकता है तो वापस मुड़कर दक्षिण दिशा की ओर बढ़ सकता है; इसी प्रकार यदि कोई आभासी या काल्पनिक समय में आगे जा सकता है तो वह मुड़कर पीछे भी जा सकता है। इसका अर्थ यह हुआ कि काल्पनिक काल के आगे और पीछे की दिशाओं में कोई विशेष अंतर नहीं हो सकता। दूसरी ओर, जब हम 'वास्तविक' समय पर दृष्टिपात करते हैं तो हम सब जानते हैं कि आगे और पीछे की दिशाओं के बीच में बहुत बड़ा अंतर होता है। अतीत और भविष्य के बीच इतना बड़ा अंतर कहाँ से

है? हम अपने अतीत को ही क्यों याद करते हैं, भविष्य को क्यों नहीं?

समय के साथ अव्यवस्था बढ़ती है, क्योंकि काल या समय को हम दिशा में मापते हैं, जिससे अव्यवस्था बढ़ती है।

मानव जाति ने आज इतनी प्रगति कर ली है, लेकिन तेजी से फैलते अव्यवस्थित ब्रह्मांड के आगे आज भी वह बौना है।

दसवें अध्याय में वर्म होल तथा काल यात्रा का वर्णन है।

वर्म होल (worm hole), कृमि-छिद्र या मध्य सुरंग, जैसा कि नाम से ही स्पष्ट है कि सुरंग दिक्-काल (Space-time) की एक ऐसी पतली नलिका होती है, जो एक-दूसरे से दूरस्थ स्थित दो सपाट क्षेत्रों को जोड़ सकती है। अंतरिक्ष में ऐसी सुरंग की कल्पना की जा सकती है या उसकी खोज की जा सकती है, जिससे होकर हम दूसरी आकाशगंगा की यात्रा कर सकें। भूतकाल में यात्रा करना संभव बनाने के लिए दिक्-काल में वर्म होल या मध्य सुरंगें बनाना जरूरी होगा।

वर्म होल का वर्णन सबसे पहले सन् 1935 में आइंस्टाइन और नाथन रोजेन ने एक शोध-पत्र में किया, जिसमें वर्म होल को 'सेतु' कहा गया था।

हॉकिंग कहते हैं कि भविष्य में हो सकता है कि हम इतने उन्नत हो जाएँ कि काल यंत्र या टाइम मशीन बना लें और दिक्-काल (Space-time) इतना विकृत हो जाए कि भूतकाल में यात्रा करना संभव हो जाए।

दसवाँ अध्याय 'भौतिकी का एकीकरण' नाम से है। इसमें प्रश्न उठाए गए हैं कि अतिरिक्त विमाओं का वास्तव में अस्तित्व है तो हम उन्हें देख क्यों नहीं पाते? हम केवल तीन दिक्-विमाओं (Space dimensions) तथा एक काल-विमा को ही क्यों देख पाते हैं? सुझाव यह दिया जाता है कि दूसरी विमाएँ अत्यंत छोटे, एक इंच के लगभग 10^{30} (एक के बाद तीस शून्य) भाग जितने आकार के आकाश में वक्रित हो जाती हैं। यह इतना छोटा होता है कि हम इसे नजरअंदाज कर देते हैं। हम केवल एक काल-विमा और तीन दिक्-विमाओं को देखते हैं, जिनमें दिक्-काल भलीभाँति समतल है। इसकी सतह संतरे की सतह जैसी है। अगर आप इसे नजदीक से देखते हैं तो यह घुमावदार और झुर्रियों भरी लगती है, लेकिन अगर आप इसे दूरी से देखते हैं तो आपको यह ऊबड़-खाबड़ नहीं, वरन् सपाट लगती है। ठीक ऐसा ही दिक्-काल के साथ होता है। बहुत छोटे स्तर पर यह दस विमाओंवाला है

और बहुत वक्रित होता है; परंतु बड़े स्तरों पर आप वक्रता या अतिरिक्त विमाएँ नहीं देख पाते।

तीन दिक्-विमा और एक काल-विमा मिलाकर दिक्-काल में सामान्यतया चार विमाएँ होती हैं। इस तरह के परिवेश में ही हम जैसे जटिल प्राणी रह सकते हैं अथवा दूसरे शब्दों में यह कहा जा सकता है कि ईश्वर ने सबकुछ पहले से ही सोच-विचार करके ब्रह्मांड की रचना की। क्या ईश्वर किसी पत्थर को इतना भारी बना सकता है कि वह स्वयं भी उसे न उठा सके?

अंतिम बारहवें अध्याय में पुस्तक का उपसंहार करते हुए हॉकिंग कहते हैं—एक बार आइंस्टाइन ने एक प्रश्न किया, 'ब्रह्मांड को बनाते समय ईश्वर के पास कितने विकल्प थे?'

हालाँकि संभावित एकीकृत सिद्धांत केवल एक ही है, यह केवल नियमों और समीकरणों का एक समुच्चय है। वह कौन सी वस्तु है, जो समीकरणों में प्राण फूँकती है और एक ब्रह्मांड का सृजन करती है, जिसकी वे व्याख्या कर सकें? अस्तित्व को लेकर ब्रह्मांड में इतनी समस्याएँ क्यों हैं? क्या एकीकृत सिद्धांत ही ब्रह्मांड को अपनी रचना के लिए प्रेरित करता है? या ब्रह्मांड की रचना कोई 'और' करता है? इस 'कोई और' (सृष्टिकर्ता को) को कौन उत्पन्न करता है? क्या यह ब्रह्मांड पर और भी प्रभाव डालता है?

इस प्रकार, अगर हम एक पूर्ण सिद्धांत की खोज कर भी लेते हैं, तब भी वह केवल कुछ वैज्ञानिकों तक ही सीमित नहीं रहना चाहिए, बल्कि यथासंभव एक स्पष्ट सिद्धांत के रूप में दुनिया के सामने आ जाना चाहिए। तब हम सभी—वैज्ञानिक, दार्शनिक और जन सामान्य एक मंच पर बैठकर इस बहस में भाग ले सकेंगे कि हमारा और इस ब्रह्मांड का अस्तित्व आखिर क्यों है? अगर हमारी इस जिज्ञासा का समाधान हो जाता है तो यह हमारी तर्कशक्ति की पराकाष्ठा होगी और इससे हमें ईश्वर की थाह पाना आसान हो जाएगा।

अन्य प्रमुख पुस्तकें

- सिंगुलैरिटीज इन कॉलेप्सिंग स्टार्स ऐंड एक्सपेंडिंग यूनीवर्स
- द नेचर ऑफ स्पेस ऐंड टाइम
- द लार्ज स्केल स्ट्रक्चर ऑफ स्पेस टाइम

- द लार्ज, द स्मॉल, ऐंड द ह्यूमन माइंड
- इन्फॉर्मेशन लॉस इन ब्लैक होल्स
- गॉड क्रिएटेड दि इंटिजर्स

लोकप्रिय पुस्तकें

- ए ब्रीफ हिस्ट्री ऑफ टाइम
- ब्लैक होल्स ऐंड बेबी यूनीवर्स ऐंड अदर एसेज
- दि यूनीवर्स इन ए नटशैल
- ऑन द शोल्जर्स ऑफ जॉइंट्स

बाल-लेखन

- जॉर्ज्स सीक्रेट की टू दि यूनीवर्स
- जॉर्ज ऐंड द कॉसमिक ट्रेजर हंट

फिल्में और धारावाहिक

- ए ब्रीफ हिस्ट्री ऑफ टाइम (फिल्म)
- स्टीफन हॉकिंग्स यूनीवर्स
- हॉरिजन
- मास्टर्स ऑफ साइंस फिक्शन
- स्टीफन हॉकिंग : मास्टर ऑफ दि यूनीवर्स

□

भाषण-व्याख्यान आलेख खंड

1

ब्रह्मांड और जीवन

ब्रह्मांड में सजीव सृष्टि का निर्माण कैसे हुआ और प्रमुख बुद्धिमान जीव कैसे बढ़ते गए–इस व्याख्यान द्वारा मैं इसके बारे में चर्चा करने वाला हूँ। मानव वंश को हम बुद्धिमान कहते हैं, परंतु इतिहास देखने पर ज्ञात होता है कि मानव का व्यवहार अधिकांशतया मूर्खतापूर्ण ही था। मैं यहाँ दो प्रकार के प्रश्नों की चर्चा करनेवाला हूँ। पहला प्रश्न है कि क्या ब्रह्मांड में अन्यत्र कहीं सजीव के अस्तित्व की संभावना है? दूसरा यह कि भविष्य में यहाँ की सजीव सृष्टि कैसी होगी?

साधारण अनुभव बताता है कि काल जैसे-जैसे आगे बढ़ता है वैसे-वैसे वस्तु की स्थिति और जटिलता बढ़ती जाती है। इस अनुभव का रूपांतरण एक सिद्धांत में किया जा सकेगा, जिसका नाम है–'ऊष्मा गतिकी का दूसरा नियम' (Second Law of Thermodynamics)। इस नियम के अनुसार ब्रह्मांड की अव्यवस्था (Disorder) अथवा एंट्रोपी (Entropy) (एंट्रोपी किसी भौतिक निकाय की अव्यवस्था की मात्रा का अनुमापन करती है) समयानुसार बढ़ती रहती है। फिर भी कुल मिलाकर सभी प्रकार की अव्यवस्था पर यह नियम लागू होता है।

सजीव सृष्टि में जब किसी एकाध के शरीर की भीतरी व्यवस्था बढ़ती है, तब इर्द-गिर्द की वातावरणगत अव्यवस्था अधिक बढ़ने लगती है। अंततः जीवन अर्थात् अव्यवस्था की ओर झुकाव होते हुए भी सुचारु व्यवस्था को बनाए रखनेवाली और उत्पादक प्रणाली। इसका अर्थ है कि यह प्रणाली अपनी जैसी दूसरी स्वतंत्र प्रणाली का निर्माण कर सकती है।

मानव, पशु, पक्षी प्रजनन करके अपनी स्वतंत्र संतान का निर्माण करते

हैं। ऐसा करते समय या करने के लिए यह प्रणाली ऊर्जा को एक व्यवस्थित एवं सुचारु रूप देती है। वे ऊर्जा का खंडित या अव्यवस्थित रूप में रूपांतरण करते हैं। यही खंडित रूप ऊष्मा या गरमी है। इसका अर्थ है कि सजीव प्रणाली ऊर्जागति के दूसरे नियमों का पालन करती है। कुल मिलाकर खंडितता को बढ़ाना है। साथ ही यह स्वयं में और अपनी संतति में सुव्यवस्था को बढ़ाती है। सजीवों के दो उद्देश्य होते हैं–किस प्रकार निरंतर ठीक रहना और कैसे प्रजनन करना। साथ ही इसके लिए किस प्रकार की कार्य-तकनीक का प्रयोग करें, ये इसके बारे में सूचना देनेवाले मूल तत्त्व होते हैं। जीव-विज्ञान की भाषा में ये चयापचय (Metabolism) कहलाते हैं।

जीवन का आरंभ

जीवन अर्थात् कार्बन अणु की शृंखला। इसके साथ ही नाइट्रोजन और फॉस्फोरस के अणु भी होते हैं। ब्रह्मांड सही अर्थ में सुंदर है। इससे निष्कर्ष निकाला जा सकता है कि अवश्य ही मानव की उत्पत्ति के लिए ब्रह्मांड का विशेष रूप से निर्माण किया गया होगा। 15 अरब वर्ष पूर्व महाविस्फोट से ब्रह्मांड का निर्माण हुआ। तब उसमें कार्बन नहीं था। वह इतना उष्ण था कि उसके कण प्रोटॉन और न्यूट्रॉन के रूप में थे। इन दोनों की संख्या आरंभ में

महाविस्फोट से ब्रह्मांड का निर्माण

समान ही होगी। उसके बाद ब्रह्मांड ठंडा होने लगा, क्योंकि उसका प्रसार होने लगा। महाविस्फोट के पश्चात् एक मिनट की कालावधि के बाद ब्रह्मांड का तापमान अत्यंत तीव्र था। इतना महाप्रचंड तापमान, जो सूर्य के तापमान की अपेक्षा सौ गुना अधिक था। इस तापमान के कारण न्यूट्रॉन का क्षय होकर उसका रूपांतरण प्रोटॉन में हुआ। कुछ न्यूट्रॉन प्रोटॉन पर जोर से गिरे और चिपक गए, जिससे नवीन मूल द्रव्य का निर्माण हुआ; वह था–हीलियम। इसमें दो प्रोटॉन और दो न्यूट्रॉन थे, परंतु भारी मूल द्रव्य अर्थात् कार्बन या ऑक्सीजन ब्रह्मांड–निर्माण के प्रारंभिक काल में तैयार नहीं हुए थे और फिर उस काल में अणु से रेणु बनना भी संभव नहीं था।

ब्रह्मांड का प्रसार और ठंडा होना जारी था। अधिक वस्तुमान होनेवाले स्थान पर गुरुत्वाकर्षण के कारण वह एकत्रित हुआ और प्रसरण धीमा हुआ। बाद में कुछ समय बाद वह पूर्णत: रुक गया। महाविस्फोट के दो अरब वर्षों के पश्चात् ढलकर उसमें सितारे और आकाशगंगाएँ बन गईं। वह सूर्य की अपेक्षा बहुत उष्ण था। उसमें स्थित हाइड्रोजन एवं हीलियम समाप्त हो गईं और उससे भारी मूल द्रव्य अर्थात् कार्बन एवं ऑक्सीजन का निर्माण हुआ। इसके लिए कुछ करोड़ वर्षों की कालावधि लगी होगी।

सूर्य–माला साढ़े चार अरब वर्ष पूर्व तैयार हुई। आरंभ में निर्मित सितारों से दूषित वायु और इन सितारों के अवशेषों से सूर्य–माला का निर्माण हुआ। किसी मार्ग से ये मूल द्रव्य एकत्रित हुए और अणु तैयार हुए। उनकी संरचना द्विश्रृंखला पद्धति की है, इस बात को मीक और वैटसन नामक दो वैज्ञानिकों ने प्रमाणित किया। विश्रृंखला में दो श्रृंखलाओं से युक्त श्रेणी आती है। एक श्रृंखला डेनिन (A), दूसरी श्रृंखला थायमाइन (T) से और साथ ही गायनाइन (G) व सायटोसिन (C) से जुड़ी हुई होती है। संक्षेप में यह AT, GC युग्म कहलाता है। न्यूबिलिक क्रम विशिष्ट होता है और परस्पर पूरक भी। ये दो श्रृंखलाएँ अलग हो सकती हैं तथा अन्य श्रृंखलाओं का निर्माण भी कर सकती हैं। अर्थात् DNA रेणु न्यूक्लिक 'A' के क्रम में छिपी (अव्यक्त) जनुकीय (DNA) जानकारी पुनश्च उत्पादित कर सकता है। संक्षेप में DNA वंशशास्त्रीय जनुकीय जानकारी (सूचनाओं) का स्रोत होता है।

क्या किसी दूसरी सूर्य–माला में DNA जैसे रेणु हो सकते हैं? हम आशा कर सकते हैं कि कुछ थोड़े तारामंडलों में वे हो सकते हैं। परंतु ये मंडल में केंद्र से बहुत दूरी पर होते हैं। यह कोई आश्चर्य की बात नहीं कि हमारी पृथ्वी पर सजीव सृष्टि का निर्माण कैसे हो सका। उचित वातावरण और आवश्यक

मूल द्रव्यों की उपलब्धता से यहाँ इस प्रकार का निर्माण संभव हुआ। प्राचीन चट्टानों में दिखनेवाली वनस्पति और प्राणी-विषयक अध्ययन से पता चला है कि पृथ्वी पर साढ़े तीन अरब वर्ष पूर्व जीवन का आरंभ हुआ। इस बात के अनेक आधार प्राप्त हुए हैं। इसका अर्थ यह है कि पृथ्वी के स्थिर एवं ठंडा होने के 50 करोड़ वर्ष बाद जीव-सृष्टि की प्रगति हुई।

इतने कम समय में निर्मित जीव-सृष्टि सरल होनी चाहिए। एक बार DNA निर्माण के बाद वह इतना सरल रेणु था कि उसने पूर्ववर्ती रेणुओं को प्रस्थापित किया। RNA भी उसमें से एक होगा। इसकी संरचना द्विशृंखलाबद्ध नहीं है। RNA की कम लंबी शृंखलाओं द्वारा संभवत: DNA तैयार किया गया होगा। न्यूलिक अम्ल हम प्रयोगशाला में निर्जीव अणुओं से पैदा नहीं कर सकते। RNA की बात ही छोड़िए, परंतु 50 करोड़ वर्ष की अवधि और बहुतांश पृथ्वी पर फैले समुद्र के कारण RNA के निर्माण होने की संभावना को निश्चित रूप से अधिक बल मिला।

DNA का पुन: उत्पादन होता है तब उसमें सहज ही कुछ कमियाँ रह जाती हैं, जिनमें से अधिकांश कमियाँ दूर की जा सकती हैं और कुछ को नष्ट भी किया जा सकता है। कुछ कमियाँ निष्क्रिय होती हैं। वे जीन के कार्यकारण में परिवर्तन नहीं करतीं, परंतु जीन में धीरे-धीरे बदलाव ला सकती हैं। कुछ कमियाँ प्राणी और पेड़-पौधों (वनस्पतियों) के लिए अपेक्षित और अनुकूल होती हैं। डार्विन के सिद्धांतगत स्वाभाविक चयन के कारण ये प्रजातियाँ चुनी जाती हैं। जीव-शास्त्रीय क्रम-विकास की क्रियाएँ पहले धीमी थीं। एकपेशी स्तनधारी प्राणी से बहुपेशी तैयार होने में आधा अरब वर्ष लगे। उसके बाद के एक अरब वर्ष मछली, रेंगनेवाले प्राणी और बाद में स्तनधारी प्राणी के निर्माण में लगे। इसके बाद क्रम-विकास की गति बढ़ी। आरंभिक स्तनधारी प्राणी से लेकर आज का मानव तैयार होने में केवल दस लाख वर्ष लगे, क्योंकि स्तनधारी प्राणी से बंदर से मानव बनने की यात्रा में कुछ सुंदरता की आवश्यकता थी।

मानव का क्रम-विकास

मानव वंश के कारण क्रम-विकास की दशा अतिकारी रही। DNA प्रगति की अपेक्षा महत्त्वपूर्ण क्रम-विकास के दौरान भाषा, विशेषकर लिखित भाषा, के क्षेत्र में प्रगति हुई, जिसके कारण DNA में लक्षणीय बदलाव नहीं आया, परंतु एक पीढ़ी से दूसरी पीढ़ी को भरपूर ज्ञान मिलने लगा। मानव के

शरीरगत DNA में तीन अरब न्यूक्लिक आयन हैं। उनके क्रम में छिपी सांकेतिक भाषा निष्क्रिय और त्याज्य है। इससे भी अधिक महत्त्वपूर्ण बात यह है कि ग्रंथगत जानकारी को शीघ्रता से बदला जा सकता है। उसे अत्याधुनिक बनाया जा सकता है। बंदर से मानव बनने में कई लाख वर्ष लगे। इस प्रगतिकाल में DNA के अंतर्गत जानकारी केवल कुछ थोड़े अंतर से बदली। इसके विपरीत अब हर साल लाखों पुस्तकें प्रकाशित होती हैं, इसलिए जानकारी में वृद्धि DNA से प्राप्त जानकारी की अपेक्षा कई गुना होती है।

इसका तात्पर्य यह है कि हम अब क्रम-विकास के नए चरण में आ पहुँचे हैं। इस युग के DNA में छिपी आंतरिक जानकारी की अपेक्षा पुस्तक में उपलब्ध बाह्य जानकारी कई गुना बढ़ गई है। हम अपने पूर्वजों से अधिक बलवान् नहीं होंगे, अधिक बुद्धिमान नहीं होंगे; परंतु हमने उनकी अपेक्षा निश्चित ही अधिक ज्ञान संपादित किया है। यह दस हजार वर्षों का संचय तो है ही, परंतु उससे अधिक यह पिछले तीन सौ वर्षों की कमाई है।

ज्ञान-प्राप्ति की सीमा

क्रम-विकास का काल अर्थात् जानकारी (सूचना) को एक ओर से दूसरी ओर ले जाने का काल। पहले यह सौ या हजार वर्षों का होगा। अब वह सिर्फ पचास वर्षों तक संकुचित हो गया है। परंतु जिस मस्तिष्क के कारण हम जानकारी का कार्य करते हैं, डार्विन के सिद्धांत के अनुसार उस मस्तिष्क को प्रकट होने में हजारों वर्ष लगे। उसके कारण कुछ समस्याएँ भी पैदा हुईं। अठारहवीं शताब्दी में यह बात स्वीकार की जा सकती थी कि उस समय अनेक लोगों ने लिखित सभी पुस्तकों का अध्ययन किया था। परंतु आज यदि एक व्यक्ति प्रतिदिन एक पुस्तक नियमित रूप से पढ़ता रहा तो भी उसे सभी उपलब्ध पुस्तकें पढ़ने के लिए 15,000 वर्ष लगेंगे। इसके अतिरिक्त इस अवधि में और नई पुस्तकों की बढ़ोतरी राष्ट्रीय ग्रंथालय में होगी। इसके कारण अब भविष्य में कोई भी व्यक्ति मानवीय ज्ञान के एक छोटे से भाग में ही प्रवीण हो सकेगा। सबको सिर्फ सीमित और एक छोटे से क्षेत्र में विशिष्टता-प्रवीणता प्राप्त हुई। भविष्य में ज्ञान-प्राप्ति की यही प्रमुख सीमा होगी। इससे भी अधिक भविष्यकालीन पीढ़ियों पर एक मुसीबत है। अभी भी गुफा में रहनेवाले आदमी के साथ हमारी कुछ समानता होती है। उसकी आक्रामक उत्तेजना हमारे स्वभाव में है। पराए लोगों को जीतने अथवा उनकी हत्या करने की तथा उनकी

10 दिसंबर, 2006 : येरूशलम, इजराइल के ब्लूमफील्ड म्यूजियम ऑफ साइंस में फोटोग्राफरों से घिरे प्रो. हॉकिंग

धन-संपत्ति एवं स्त्रियों को छीन ले जाने की आदिम-मानव की प्रवृत्ति अभी भी मानव में शेष है। इस वृत्ति के कारण आदिम मानव हिम्मत से जीवन जी सकता था। इसके विपरीत आज के युग में इस दानवी बर्बर वृत्ति के राक्षसी कार्य से पूरी मानव जाति मुसीबत में फँस गई है। अत्यधिक क्रम-विकास के कारण और अधिक बुद्धिमान बनने के लिए हमारे पास समय नहीं है। अब हम स्वनिर्मित, संरचित क्रम-विकास के कारण जनुक क्षेत्र में, DNA में बदलाव और सुधार के क्षेत्र में अनुसंधान कर रहे हैं। मानव जीवन की पुस्तक एक बार समझ में आने पर उसमें परिवर्तन करना सहज संभव है। पहले हम जनुकीय न्यूनता को ठीक करने का प्रयास करेंगे। जन्मजात दोषों को नष्ट किया जा सकता है। इसे साधनें के लिए केवल एक जीन की ही आवश्यकता होती है। परंतु बुद्धिमत्ता अनेक जीनों से नियंत्रित की जाती है। इसलिए उसमें बढ़ोतरी करने में अधिक अनुसंधान की आवश्यकता होगी। परंतु यह विश्वास अवश्य है कि अगली अर्थात् इक्कीसवीं शताब्दी में मस्तिष्क में सुधार और आक्रमण वृत्ति में बढ़ोतरी—इन दो बातों में प्रगति अवश्य होगी। कुछ अतिवादी आतंकवादी अनुसंधाता स्मरण शक्ति की प्रचंड बढ़ोतरी के ताकतवर अमानवीय मनुष्य निर्माण करने का प्रयास करेंगे। इन अमानवीय लोगों से आम आदमी कैसे निभा सकेंगे? ये अद्‌भुत बुद्धिमान मनुष्य अन्य ग्रहों पर जाने का प्रयास करेंगे।

□

2

परग्रह पर जीव-सृष्टि

हम आकाशगंगा की खोज कर रहे हैं। समस्या यह खड़ी होती है कि पराए ग्रह के जीव की पृथ्वी से भेंट कब होगी? समय-काल के संबंध में विचार करें तो इस प्रकार के अन्य कई सितारे होंगे, जिनके ग्रहों के वातावरण में जीवन है।

उड़न तश्तरियाँ (UFO) कल्पना या सच्चाई

इन ग्रहों का जन्म पृथ्वी से अरबों वर्ष पूर्व हुआ है। प्रश्न यह है कि आकाशीय प्रणाली में से एकाध सजीव, स्वनिर्मित, यांत्रिक अथवा जीव वैज्ञानिक दशा में हमारी पृथ्वी से अभौतिक भेंट नहीं करता। उड़न तश्तरियों (UFO) से पराए ग्रह से कोई व्यक्ति पृथ्वी पर आया हो, इस बात पर मेरा विश्वास नहीं। पराए ग्रह से किसी की भी भेंट सार्वजनिक ही होगी और शायद उनका आगमन हमें उचित नहीं लगेगा।

परग्रह से अभी तक हमारे यहाँ कोई नहीं आया। इसका कारण क्या हो सकता है? ब्रह्मांड में सिर्फ पृथ्वी ही एक ऐसा स्थान होगा, जहाँ स्वस्फूर्त जीवन आरंभ हुआ। अन्य स्थानों पर संभवतः ऐसा नहीं हुआ होगा। दूसरी संभावना यह भी हो सकती है कि अन्य स्थानों पर पेशी निर्मिति की दशा आ गई हो, परंतु उसके पश्चात् बुद्धिमान सजीव का निर्माण नहीं हुआ हो। हमारी धारणा है कि बुद्धिमान जीवन क्रम-विकास के कारण संभव हुआ है। क्रम-विकास सहज घटित घटना होती है। क्रम-विकास से बुद्धिमान सजीव की निर्मिति कई संभावनाओं में से एक है। क्या दीर्घकाल तक जीवित रहना बुद्धि की क्षमता है? जीवाणु अथवा एककोशिकी जीव सूक्ष्म होते हैं। पृथ्वी पर अन्य जीवन के नष्ट होने पर भी वे जीवित रह सकते हैं। एक धारणा यह भी है कि बुद्धि का पृथ्वी पर निर्माण क्रम-विकास के काल-भ्रमण के अनुसार असंभव बात है। एककोशिका से बहुकोशिका की ओर जाने में ढाई अरब वर्ष लगते हैं। यह क्रिया बुद्धिमत्ता का पूर्व चिह्न समझा जाता है। अब तक अर्थात् सूर्य-निर्माण काल के मापन से ढाई अरब वर्ष का काल बहुत बड़ा अपूर्णांक है। उसके कारण जीवन से बुद्धि के निर्माण की संभावना क्षीण है। हमारी आकाशगंगा में अन्य प्रकार के जीव तो मिलेंगे, परंतु बुद्धिमान जीव मिलना मुश्किल है। करोड़ों वर्ष पूर्व दूसरे ग्रहों के धड़कने से पृथ्वी पर डायनासोर का वंश नष्ट हो गया। उस समय कुछ स्तनधारी प्राणी बच गए। यदि मानव उस समय होता तो उसका भी नाश हो जाता। परंतु पराए ग्रह के धड़कने की क्रियाएँ करोड़ों वर्ष बाद होती हैं। यदि यह संख्या ठीक हो तो पृथ्वी पर पिछले 70 करोड़ वर्षों में कोई प्रमुख ग्रह नहीं धड़का है। आकाशगंगा में अन्य ग्रह पृथ्वी के समान सौभाग्यशाली नहीं होंगे। पराए ग्रह के धड़कने का काल संभवतः कम हो सकता है। शायद उसी के कारण वहाँ बुद्धिमान सजीव नहीं होंगे। शायद वहाँ अलग प्रकार की बुद्धि वाले सजीव हो सकते हैं। परंतु हम उनकी ओर जाने में आनाकानी कर रहे हैं और वे भी यहाँ आने का कष्ट नहीं उठा रहे हैं। वैज्ञानिक परग्रह से आनेवाले रेडियो तरंगों-युक्त संदेश की खोज का प्रयास कर रहे थे। लेकिन धनाभाव में वह कार्य स्थगित करना पड़ा।

□

3

काल का बाण

सभी आधार बताते हैं कि ब्रह्मांड अखंड नहीं है। 15 अरब वर्ष पूर्व यह आरंभ हुआ। ब्रह्मांड की उत्पत्ति और घटना के विज्ञान की यह खोज असामान्य मानी जाती है। यही आरंभ माना जाता है। परंतु हम दावे के साथ नहीं कह सकते कि ब्रह्मांड का अंत है या नहीं। ब्रह्मांड का काल मानवीय जीवन की अपेक्षा बहुत अधिक है। इसी कारणवश अभी तक हमारी यही धारणा थी कि ब्रह्मांड स्थिर है। कई लोगों को इस कल्पना से दुःख हुआ था कि ब्रह्मांड का कोई आरंभ भी है। क्योंकि इससे निष्कर्ष निकाला जाता था कि किसी दैवी शक्ति ने ब्रह्मांड-निर्माण किया। ब्रह्मांड और मानव नित्य है; हमेशा के लिए यहाँ है–इस प्रकार की मान्यता पर उनका विश्वास था। वे कहते रहते थे कि निरंतर आनेवाली बाढ़ और प्राकृतिक विपत्तियों के कारण मानव वंश अविकसित रहा और मानव प्राथमिक अवस्था में ही बना रहा।

उन्नीसवीं और बीसवीं शताब्दी तक यह मुद्दा विवादित रहा कि ब्रह्मांड का प्रारंभ है अथवा नहीं। धर्मशास्त्र और दर्शन के क्षेत्र में इसकी निरंतर चर्चा होती रही। लेकिन प्रायोगिक निरीक्षण प्राप्त करके निश्चित आधार कोई नहीं दिखाता था। 'ब्रह्मांड अखंड है'–यह सिद्धांत ऊष्मागतिकी के दूसरे नियम (Second low of thermodynamics) के विपरीत है। इसके कारण गंभीर प्रश्न उत्पन्न होते हैं। इस नियम के अनुसार ब्रह्मांड की जटिलता निरंतर कालानुरूप बढ़ती रहती है। ब्रह्मांड का 'आरंभ' होना ही चाहिए, क्योंकि उस निर्मित क्षण से जटिलता का बढ़ना आरंभ हुआ।

यह निश्चित करने पर कि ब्रह्मांड स्थिर नहीं है बल्कि उसका प्रसरण होता रहता है, हम कह सकते हैं कि आकाशगंगा परस्पर धीरे-धीरे दूर जा

हैं। इसका तात्पर्य है कि अतीत में वे एक-दूसरे के निकट थीं। दो आकाशगंगाएँ काल के साथ-साथ आगे बढ़ती हैं। मान लीजिए, यदि उनका मार्ग हम रेखांकित करें और गुरुत्वाकर्षण का प्रवेश न हो तो वह मार्ग एक सीध में होगा। इन रेखाओं को पीछे ले जाने पर शून्य काल के रहते, अर्थात् सामान्यत: 20 अरब वर्ष पूर्व इन रेखाओं के बीच का अंतर शून्य रहा होगा। प्रत्यक्षत: गुरुत्वाकर्षण के प्रयोग से आकाशगंगाएँ परस्पर अधिक निकट आएँगी, यह मानचित्र सीधी रेखा में न रहकर वक्रीय हो जाएगा। शून्य अंतर 20 अरब वर्ष पूर्व होना संभव है। उस समय महाविस्फोट (big bang) से निर्मित ब्रह्मांड के सभी द्रव्य एक-दूसरे के साथ रुक गए होंगे। उस बिंदु की सघनता अनंत होनी चाहिए। यही अवस्था विलक्षणता (singularity) कहलाती है। इस पर भौतिकी का कोई नियम लागू नहीं होता। तात्पर्य यह है कि महाविस्फोट के पश्चात् ब्रह्मांड की स्थिति महाविस्फोट की पूर्ववर्ती दशा पर निर्भर नहीं होगी।

उसके पूर्ववर्ती समय के निरीक्षण का विशेष महत्त्व न होने के कारण उसे हमारे सिद्धांत से अलग रखेंगे। महाविस्फोट की घटनाएँ स्पष्ट नहीं हैं, क्योंकि उनकी माप-तौल संभव नहीं।

बीसवीं शताब्दी के आरंभ तक लोग मानते थे कि काल निरपेक्ष है। प्रत्येक घटना एक काल विशेष से संबंधित होती है और वह उसी काल में घटित होती है। दो घटनाओं में जो काल व्यतीत होता है, उसकी एक ही कीमत किसी भी घड़ी से गिनी जा सकती है। परंतु प्रकाश की गति किसी भी निरीक्षक के लिए—वह कैसे भी चल रहा होगा तो—एक ही होगी। उसी के कारण 'आपेक्षिकता सिद्धांत' प्रस्तुत किया गया और काल निरपेक्ष होता है, इस धारणा को छोड़ना पड़ा।

गुरुत्वाकर्षण और पुंज यांत्रिकी, दोनों का एकीकरण करके काल की नई संकल्पना प्रस्तुत की गई। हम आकाश की किसी भी दिशा से जाएँ तो भी काल्पनिक काल एक जैसा ही होता है। कोई व्यक्ति उत्तर दिशा की ओर जाता है, वह मुड़कर दक्षिण की ओर भी जा सकता है। इसका अर्थ है कि वह आगे बढ़ सकता है, मुड़कर पीछे जा सकता है। काल्पनिक काल के लिए आगे-पीछे, ऊपर-नीचे इसमें कोई अंतर नहीं होता। इसके विपरीत 'असली' काल के लिए इसमें निश्चित अंतर है, अर्थात् आगे और पीछे की दिशा निश्चित रूप से अलग होती है। भूतकाल और भविष्यकाल में यह अंतर कैसे पैदा होता है? कहाँ से आता है? हमें भूतकाल याद रहता है, लेकिन

जैसे बाण हमेशा आगे जाता रहता है, वैसे ही काल भी आगे बढ़ता है

भविष्यकाल नहीं, ऐसा क्यों?

विज्ञान के नियम भूतकाल और भविष्यकाल के बीच के अंतर को नहीं पहचानते। दैनिक जीवन में असली काल से अगली और पिछली दिशा में बहुत अंतर है। कल्पना कीजिए, मेज पर से पानी से भरा हुआ कप नीचे गिरता है और फर्श पर गिरकर उसके टुकड़े हो जाते हैं। मान लीजिए कि यदि हमने इसको चित्रित किया तो इस बात को फिल्म में देखने पर आप सहज ही बता देंगे कि घटना आगे खिसक रही है या पीछे। फिल्म को सीधे घुमाने पर पहले कप और बाद में टुकड़े दिखेंगे, जबकि विपरीत घुमाने पर पहले टुकड़े और बाद में पूरा कप दिखेगा।

पानी से भरे कप को सुव्यवस्थित करने की क्रिया में जटिलता पैदा हुई। यह घटना ऊर्जा गतिज विज्ञान के दूसरे नियम से संबंधित है। 'काल जैसे-जैसे आगे बढ़ेगा वैसी व्यवस्था (जटिलता) बढ़ेगी'–यही नियम है। घटनाएँ हमेशा गलत तरीके से घटित होती हैं, इस तर्क के नियम से भी यह संगत है। मेज पर रखा हुआ कप भूतकाल और फर्श पर गिरे हुए टुकड़े भविष्यकाल हैं। कप टूटने की क्रिया अर्थात् भूतकाल से भविष्य की ओर जाने की प्रक्रिया; परंतु भविष्यकाल से भूतकाल में जाना संभव नहीं होता, जैसे जमीन पर पड़े टुकड़ों का फिर से मेज पर आकर जुड़ जाना संभव नहीं होता। इसे ही जटिलता का मार्ग या ऊर्जा गतिज विज्ञान की भाषा में 'एनट्रॉपी' का बढ़ना कहा जाता है। दुर्व्यवस्था अथवा एनट्रॉपी का काल के अनुसार बढ़ना काल के बाण (arrows of time) का एक उदाहरण है। जिस प्रकार बाण हमेशा आगे जाता रहता है, वैसे ही काल (समय) भी आगे बढ़ता है। बाण के कारण ही भूत और भविष्य का अंतर हम जान सकते हैं, क्योंकि

है। काल के तीन प्रकार के बाण हैं–

1. ऊर्जा गतिज विज्ञान : काल की दिशा, जिससे जटिलता या एनट्रॉपी बढ़ती है।
2. मानसिक काल का बाण : यह बाण काल के आगे जाने की दिशा दिखाता है। इस दिशा के कारण हमें भूतकाल याद रहता है, भविष्य नहीं।
3. ब्रह्मांड उत्पत्ति के काल-बाण : 'ब्रह्मांड का विस्तार होता है, अंकुचन या संकुचन नहीं', इसे दरशानेवाली काल की दिशा।

ऊर्जागतिज विज्ञान का बाण और मनोवैज्ञानिक बाण–दोनों परस्पर संबंधित होते हैं। मानसिक बाण ऊर्जागतिज के बाण से निश्चित किया जाता है और ये दोनों बाण सामान्यतः एक ही दिशा दरशाते हैं।

यदि हम इसे गृहीत मान लें कि ब्रह्मांड की कोई सीमा नहीं है तो गतिज ऊर्जा और ब्रह्मांड-उत्पत्ति के बाणों की दिशा सुव्यवस्थित रेखांकित है; परंतु संपूर्ण ब्रह्मांड के इतिहास काल में वे एक ही दिशा में होंगी, तभी उस काल में बुद्धिमान सजीवों के निर्मित होने के लिए उचित अनुकूल स्थिति होगी।

ब्रह्मांड का प्रसरण होते समय काल जिस दिशा में जाता है, उसी दिशा से जटिलता भी आगे बढ़ती है। प्रश्न यह है कि ऐसा क्यों होता है?

पहले काल की ऊर्जागतिज बाण के बारे में विचार करेंगे। ऊर्जागतिज विज्ञान का दूसरा नियम बताता है कि हमेशा सुव्यवस्थित स्थिति की अपेक्षा अव्यवस्थित स्थितियों की संख्या अधिक रहती है। छोटे बच्चे 'जिगसा' (Jigsaw) का खेल खेलते हैं, जिसमें कटे हुए चित्र के भागों को ठीक तरीके से जोड़कर चित्र तैयार किया जाता है। प्रत्येक टुकड़ा दूसरे टुकड़े पर बिलकुल ठीक बैठता है। इसलिए सभी टुकड़ों से संपूर्ण चित्र तैयार करने का तरीका सिर्फ एक हो सकता है। इसके विपरीत ये चित्र कई असंबद्ध पद्धति से–चाहे कैसे भी–रखे जा सकते हैं, परंतु इससे यह संपूर्ण चित्र तैयार नहीं हो सकता।

समझिए, हमने टुकड़ों से चित्र तैयार किया और उसे ठीक तरीके से किसी कार्ड बोर्ड के डिब्बे में रख दिया। बाद में उस डिब्बे को हिलाया। टुकड़े दूसरी स्थिति में पहुँच जाएँगे; परंतु इससे ठीक पहले जैसा पूरा चित्र तैयार नहीं हुआ होगा। हम हिलाने की क्रिया कई बार कर सकते हैं। परंतु पहले जैसा चित्र बनाया था वैसा बना ही नहीं पाएँगे। चित्र की पहली स्थिति सुव्यवस्थित अवस्था है, शेष सभी दुर्व्यवस्थाएँ हैं। सुव्यवस्था एक ही होती है, दुर्व्यवस्थाएँ

कई होती हैं। यदि हिलाने की क्रिया हमने और अधिक समय तक की तो जैसे अव्यवस्था का काल आगे बढ़ता है वैसे वह बढ़ती जाती है। पहली सुव्यवस्थायुक्त अवस्था मिल ही नहीं सकती। यही चित्र पाँच, सौ, हजार टुकड़ों का हो तो हजार टुकड़ों के फिर अपने स्थान पर आकर पहली सुव्यवस्था का निर्माण होने की संभावना अति क्षीण होगी।

मजे के लिए कल्पना कीजिए कि परमात्मा ने तय किया कि ब्रह्मांड का अंत उच्चतम प्रकार की सुव्यवस्था में करना है। यह महत्त्वपूर्ण नहीं कि ब्रह्मांड का आरंभ कैसे हुआ हो–अर्थात् आरंभ में जटिलता होगी। कालानुरूप वह कम होती जाती है। इसका तात्पर्य है कि जटिलता या दुर्व्यवस्था समय के बढ़ने के साथ-साथ कम होती जाएगी। कप के टूटे टुकड़े जमीन पर स्वयं ही एकत्र होकर कप बन जाएँगे और वह धीरे से मेज पर जा बैठेगा। उन्हें भविष्य में घटित घटनाएँ याद होंगी, भूतकाल की नहीं।

काल की अपनी कल्पना आत्मनिष्ठ है, व्यक्तिगत है। हमारे मस्तिष्क में मानसिक कालक्षण ऊर्जा गतिज द्वारा बाण की दिशाओं में पक्का किया हुआ होता है। जैसे-जैसे काल आगे बढ़ता है वैसे-वैसे जटिलता बढ़ती जाती है, क्योंकि काल की माप हम जटिलता के बढ़ने की दिशा में करते हैं।

ऊर्जा गतिज बाण का अस्तित्व ही क्यों होगा? दूसरे तरीके से यही प्रश्न पूछना हो तो क्या ब्रह्मांड भूतकाल में उच्च सुव्यवस्था में होगा? पूर्णतः जटिलता की स्थिति में है? ब्रह्मांड सर्वकाल क्यों नहीं? दरअसल, यही संभावना है। क्या जटिलता बढ़ने की दिशा ब्रह्मांड के प्रसरण की दिशा ही है? क्या दोनों दिशाएँ समानांतर मार्ग से जाती हैं? इसके लिए देखना होगा कि ब्रह्मांड का निर्माण कैसे हुआ। इस घटना की जाँच के लिए प्राथमिक स्तर का सामान्य आपेक्षिकता सिद्धांत काम नहीं आता। इसके लिए गुरुत्वाकर्षण के पुंज सिद्धांत से मदद लेनी पड़ती है।

ब्रह्मांड कुछ ही नियमों से बद्ध है। ब्रह्मांड का भविष्य दो दिशाओं में ही बताना पड़ता है–एक मार्ग प्रसरण का है और दूसरा संकोच (अकुंचन) का। उसका अंत महाविस्फोट में हो जाएगा। दूसरा मार्ग अपनाने पर आज हो रहा ब्रह्मांड का प्रसरण अनंत काल तक वैसा ही चलता रहेगा।

हॉकिंग के आपेक्षिकता और पुंजवाद, दोनों संयुक्त अनुसंधान से कुछ निष्कर्ष निकाले जा सकते हैं। इस अनुसंधान में सिगुलैरिटी या विलक्षणता का स्थान नहीं है। ब्रह्मांड स्वयं में पूर्ण है और उसकी पृथ्वी के समान कोई सीमा नहीं है। यदि ब्रह्मांड स्वयं पूर्ण होगा तो फिर परमात्मा का क्या स्थान और क्या काम?

□

4

जनसामान्य का वैज्ञानिक दृष्टिकोण

हमें पसंद हो या न हो, परंतु हमारी दुनिया पिछले सौ वर्षों में बहुत बदल गई है और अगले सौ वर्षों में और अधिक बदलने वाली है। कुछ लोगों को लगता है कि इस बदलाव को रोकें। उन्हें लगता है कि फिर पुरानी और पवित्र दुनिया लाएँ। परंतु इतिहास बताता है कि भूतकाल इतना प्रसन्न नहीं था। कुछ थोड़े विशेष धन-संपन्न लोगों के लिए पुराना काल इतना बुरा नहीं था। यद्यपि उन्हें नई दवाओं की जानकारी नहीं थी और उनकी पत्नियों का प्रसव जोखिम भरा था, फिर भी अधिकांश लोगों के लिए यह जीवन तिरस्करणीय, घिनौना, क्रूर, अल्पकालीन था। इतना तो सच है कि चाहे किसी को कुछ भी लगे, पुराने काल (अतीत) में जाने के लिए हम घड़ी के काँटे नहीं घुमा सकते, ज्ञान एवं तकनीकी को कभी बिगाड़ नहीं सकते। भविष्य की प्रगति को कोई रोक नहीं सकता। शासकीय धन की कमी होने पर भी वैज्ञानिकों में स्पर्धात्मक स्फूर्ति होने के कारण तकनीकी प्रगति होती ही रहेगी, साथ ही चिंतनशील वैज्ञानिकों की बुद्धि को मूलभूत विज्ञान के बारे में सोचने से कोई रोक नहीं सकता। पैसे मिलें या न मिलें, वे विचार करते ही रहेंगे। भविष्यकालीन प्रगति को रोकने का एकमात्र मार्ग है—तानाशाही प्रणाली। परंतु मानवीय अगुवाई और स्वतंत्र विचारों के कारण वह संभव नहीं होता। अधिक-से-अधिक इस बदलाव के प्रवेग को कुछ कम किया जा सकता है। विज्ञान और तकनीकी के कारण दुनिया में होनेवाला बदलाव हम रोक नहीं सकते। एक बार इस बात को स्वीकार करने पर कम-से-कम बदलाव उचित दिशा में हो, इसलिए प्रयास कर सकते हैं। प्रजातांत्रिक समाज में लोगों को विज्ञान की मूलभूत जानकारी होनी आवश्यक है, जिससे वे महत्त्वपूर्ण निर्णय ले सकते हैं। और सभी बातों को आम आदमी को सौंपना भी आवश्यक नहीं। आज यह दिखाई देता है कि विज्ञान के संबंध

19 जून, 2006 : बीजिंग, चीन के ग्रेट हॉल ऑफ पीपल में

में सामान्य जनता की भावनाएँ परस्पर विपरीत हैं। उन्हें लगता है कि जीवन का स्तर विज्ञान के कारण बढ़ा है, इसलिए विज्ञान एवं तकनीकी की प्रगति निरंतर होती रहती है। परंतु उसी क्षण विज्ञान पर उनका अविश्वास है, क्योंकि उन्हें विज्ञान का आकलन नहीं होता। प्रयोगशाला में एकाध पागल वैज्ञानिक फंकेस्टांइन का निर्माण करने के प्रयास में जुटा रहता है–इस प्रकार का एक व्यंग्य चित्र विज्ञान के प्रति अविश्वास को ही प्रकट करता है। परंतु आम जनता को विज्ञान में, विशेषकर खगोल विज्ञान में, रुचि है। टेलीविजन पर दिखाया गया विज्ञान का कॉस्मोस कार्यक्रम और अन्य विज्ञान कार्यक्रम लोकप्रिय रहे हैं।

विज्ञान में जिज्ञासा रखने और बढ़ाने के लिए जनता में वैज्ञानिक पृष्ठभूमि होनी चाहिए, जिससे वे वैज्ञानिक विषय पर निर्णय ले सकते हैं। अम्लीय वर्षा, आणविक शस्त्र और जनुक तकनीक जैसे विषयों के बारे में उन्हें जानकारी होनी आवश्यक है। इसकी नींव निश्चित रूप से स्कूल में ही पड़नी चाहिए। परंतु स्कूल में विज्ञान बहुत ही कठिन और नीरस तरीके से पढ़ाया जाता है। विद्यार्थी परीक्षा उत्तीर्ण करने के लिए रटन लगाते हैं और विज्ञान के जीवन से संबंध को जान नहीं पाते। साथ ही विज्ञान हमेशा समीकरण रूप में पढ़ाया जाता है। यह सच है कि समीकरण संक्षिप्त और अचूक गणितीय संकल्पना बताते हैं, परंतु वे छात्रों को डरा देते हैं। हाल ही में मैंने एक लोकप्रिय पुस्तक लिखी, तब बताया गया था कि पुस्तक में एक समीकरण दिया जाए तो पुस्तक की खपत आधी होगी। परंतु मैंने उसमें एक समीकरण डाला, वह था आइंस्टाइन का प्रसिद्ध समीकरण $E=mc^2$। यदि मैं यह समीकरण उसमें नहीं डालता तो शायद पुस्तक की बिक्री दोगुनी हुई होती।

वैज्ञानिक और इंजीनियर अपनी संकल्पना समीकरण के रूप में प्रस्तुत

करते हैं, क्योंकि उन्हें वस्तुओं के मूल्य हमेशा अचूकता से प्रस्तुत करने होते हैं। परंतु हम जैसे साधारण लोगों को विज्ञान-मूल्यांकित कल्पना ही विज्ञान को समझने में पर्याप्त लगती है। यह संकल्पना शब्द, आकृति और रेखाकृति द्वारा बताई जा सकती है। इसके लिए समीकरण की आवश्यकता नहीं।

स्कूल में हम जो विज्ञान सीखते हैं, उससे विज्ञान की मूलभूत नींव समझ में आती है। परंतु विज्ञान की प्रगति की गति आज इतनी अधिक तेज हो गई है कि स्कूल या विश्वविद्यालय के पाठ्यक्रम करते समय ही उस अवधि में विज्ञान की प्रगति बहुत हो गई होती है। रेखीय जीव-विज्ञान मैंने कभी स्कूल में नहीं सीखा था, परंतु DNA अभियांत्रिकी और कंप्यूटर शास्त्र की प्रगति के कारण समाज हमारे जीवित रहते ही बदलने वाला है। भविष्य में तो वह प्रकर्ष से अधिक प्रभावित प्रतीत होगा। लोकप्रिय पुस्तकों, पत्रिकाओं और विज्ञान विषयक लेखों द्वारा विज्ञान की प्रगति समझने में मदद मिलती है। परंतु अति सफल और लोकप्रिय पुस्तकें भी समाज के बहुत कम लोगों द्वारा पढ़ी गई होती हैं। केवल टेलीविजन ही घर-घर पहुँचा है और उसका दर्शक वर्ग बहुसंख्य एवं बड़ा है। टेलीविजन पर साधारण जनता को वैज्ञानिक शिक्षा देने का दायित्व है। लोगों का मात्र मनोरंजन करना उनका उद्‍देश्य नहीं होना चाहिए।

भविष्य में निर्माण होनेवाले जिन प्रश्नों के बारे में जनता को निर्णय लेना चाहिए, ऐसे प्रश्न कौन से हैं? आज अति महत्त्वपूर्ण प्रश्न है आणविक अस्त्र। अन्य जागतिक प्रश्न--अर्थात् अन्न की आपूर्ति या ग्रीन हाउस का प्रभाव–अधिक गंभीर नहीं हैं। आणविक युद्ध तो मानवीय जीवन कुछ ही दिनों में खत्म कर सकता है। शीत युद्ध का डर होने पर भी उसका खतरा तो अभी तक नहीं टला है। पृथ्वी की संपूर्ण जनसंख्या को कई बार नष्ट किए जा सकने के लिए पर्याप्त अणु अस्त्र संचित हैं। कंप्यूटर की छोटी सी गलती के कारण अथवा अस्त्र व्यवस्थापन की गलती से विश्व-युद्ध हो सकते हैं। आज छोटे देशों के पास भी अणु बम हैं, उसका डर तो है ही। इसलिए महत्त्वपूर्ण है कि जनता इसके संकट को समझ ले और वह अपनी-अपनी सरकार पर दबाव बनाकर अस्त्रों के निर्माण में कटौती करे। सभी अणु अस्त्रों को कहीं स्थानांतरित करना भी सहज संभव नहीं है, परंतु उनकी संख्या कम करना संभव है।

आणविक युद्ध को टाला जा सकेगा; परंतु कुछ अन्य खतरे भी हैं, जिनके कारण ही हम सब पर मुसीबत है। परंतु मुझे आम जनता की सादगी पर विश्वास है। इसलिए लगता है कि ऐसा कुछ घटित नहीं होगा। □

5

डार्विन व्याख्यान

प्रस्तुत निबंध का विषय है–भविष्य अथवा भविष्यकाल के बारे में वैज्ञानिकों को क्या लगता है? अर्थात् भविष्यकाल के संदर्भ में बताना अति कठिन बात है। एक बार मुझे लगा कि एक पुस्तक लिखूँ, जिसका शीर्षक होगा–'यस्टरडे टुमारो, ए हिस्ट्री द फ्यूचर'। इस पुस्तक में मैंने भविष्यकाल का इतिहास बताया होता। परंतु अब मेरी भविष्यकालीन सभी आशाएँ दूर हो गई हैं। इतने पर भी वैज्ञानिकों को अभी भी लगता है कि हम भविष्यकाल का अनुमान एवं अध्ययन कर सकते हैं।

पुराने जमाने में जिनमें दैवी संचार हुआ करता था, वे भविष्य बताया करते थे। उनमें सामान्यत: स्त्रियाँ हुआ करती थीं। बाद में वे जोर-जोर से बड़बड़ाती थीं, जिसे सुनकर इर्दगिर्द के धार्मिक लोग उसका कुछ अर्थ बताया करते थे। इसमें वास्तविक बुराई अर्थ बतानेवालों की थी। ब्रह्मांड का अंत कब होगा? राज्य खत्म कब होगा? शत्रु का नाश कब होगा? इस प्रकार के प्रश्न पूछे जाते। मजे की बात यह है कि ब्रह्मांड के अंत की बताई गई तिथि निकल भी जाती और कुछ भी घटित नहीं होता। ऐसा घटित होने के कारण भी धर्मगुरु फिर से बताया करते थे।

ऐसा नहीं कि वैज्ञानिकों द्वारा बताया गया भविष्य इन धार्मिक लोगों के भविष्य से अधिक विश्वसनीय था। इसके अंतर्गत जलवायु के अनुमान का उदाहरण लिया जा सकता है। फिर भी कई बातों में हम विश्वसनीय भविष्य बता सकते हैं और उसमें से एक विषय है–'ब्रह्मांड का भविष्यकाल'।

गत तीन वर्षों में परिस्थिति पर नियंत्रण रखनेवाले विज्ञान विषयक नियम ढूँढ़े गए हैं। आज भी अंतिम छोर की परिस्थिति में वस्तुओं पर नियंत्रण रखने वाला अचूक नियम हम नहीं जानते। ब्रह्मांड-निर्माण का कारण

जानने-समझने के लिए इन नियमों का बहुत महत्त्व था, परंतु ये नियम भविष्यकालीन क्रम-विकास पर असर नहीं करते थे। हम भले ही ब्रह्मांड को नियंत्रित रखने वाले नियमों को जानते हों, परंतु उससे भविष्यकालीन ब्रह्मांड का अध्ययन-अनुमान लगाने में असमर्थ हैं। इसका कारण यह है कि भौतिकी के इन सभी कारणों का एक दर्शनीय गुणधर्म है–जटिलता अथवा अव्यवस्था। इसका मतलब यह है कि ये समीकरण अस्थिर हैं। इस प्रणाली का व्यवहार इस प्रकार है कि उसके काल में जरा भी बदलाव करने से इस प्रणाली का व्यवहार बिलकुल भिन्न हो जाता है। अस्थिर और जटिलता भरी प्रणाली में काल की गणना होती है। उसके कारण आरंभिक अवस्था में जरा भी परिवर्तन करने से संपूर्ण प्रणाली बदल जाती है। पृथ्वी के वातावरण के लिए यह गणना पाँच दिनों की है। हवा को पृथ्वी के चारों ओर पूर्णतः घुमाने में इतना ही समय लग जाता है। इसलिए कोई भी जलवायु का निश्चित अनुमान केवल चार दिनों के लिए ही कर सकता है। इससे अधिक काल के अध्ययन-अनुमान के लिए वर्तमान वातावरण की अवस्था ज्ञात होनी आवश्यक है और असंभव कोटि के अत्यंत जटिल उदाहरणों का हल कर सकना आवश्यक है। सामान्यतः अगले छह महीनों से अधिक काल की जलवायु (तापमान) का अनुमान लगाना कठिन है।

यदि हम रसायन और जीव-विज्ञान पर नियंत्रण रखनेवाले मूलभूत नियमों को जानते हों तो हम निश्चित कर सकते हैं कि मस्तिष्क कैसे कार्य करता है। परंतु जो समीकरण मस्तिष्क को नियंत्रित करते हैं, उनका व्यवहार उलझन भरा होता है, क्योंकि किसी अल्प बदलाव से आरंभिक स्थिति बदलते ही अलग परिणाम मिलते हैं। इसलिए यद्यपि हम उस पर नियंत्रण रखनेवाले सभी समीकरण जानते हों, फिर भी प्रत्यक्षतः मनुष्य के व्यवहार के बारे में बता नहीं सकते। तभी तो विज्ञान मनुष्य के स्वभाव का पूर्णतः अध्ययन नहीं कर सकता अथवा यह भी नहीं बता सकता कि मानव का भविष्य है या नहीं। अपने वातावरण को जानने या उसे नष्ट करने की मानव की जो सामर्थ्य है, वह हमारी चतुराई के इस्तेमाल की शक्ति की अपेक्षा अति गति से बढ़ने के कारण खतरे में पड़ी है।

पृथ्वी पर कुछ घटित होने पर भी शेष ब्रह्मांड की यात्रा जारी रहेगी। सूर्य के चारों ओर भ्रमण करनेवाले ग्रहों की भ्रमण गति अंततः अव्यवस्थित एवं जटिल होगी। परंतु उसके लिए दीर्घ काल लगनेवाला है। इसका तात्पर्य यह है कि किसी भी भविष्य का अध्ययन अनुमान काल के साथ-साथ व्यापक होता जाएगा। कुछ समय बाद तो उसके विस्तार से गति बताना भी

संभव नहीं होगा। हमें विश्वास है कि शुक्र और पृथ्वी के आमने-सामने आकर आकस्मिक टकराव में अभी बहुत समय है। परंतु भ्रमण के क्षेत्र में जरा सा भी बदलाव आने पर इसके टकराने में सामान्यतः एक अरब वर्ष लगेंगे। सूर्य और अन्य सितारों की आकाशगंगा के चारों ओर भ्रमण गति और भ्रमण करना जटिल है। साथ ही काल के साथ-साथ आकाशगंगा भी आगे-आगे सरकती-खिसकती जाती है।

कॉपर्निकस के अनुसंधान से प्रमाणित हुआ कि पृथ्वी एक छोटा सा ग्रह है, जो सूर्य के चारों ओर भ्रमण करता है। पृथ्वी का स्थान कोई विशेष नहीं, इसे स्वीकारने की विनम्रता भी हममें है। इसलिए हम मानते हैं कि पृथ्वी की पार्श्वभूमि किसी भी दिशा से समान होनी चाहिए। ब्रह्मांड का सामान्य घनत्व (density) और प्रसरण (expending) की दर (गति) सभी दिशाओं से समान होने पर भी ऐसा घटित हो सकता है। यदि बड़े क्षेत्र में घनत्व में बदलाव आता है अथवा प्रसरण की गति अलग होती हो तो यह सूक्ष्म तरंग विभिन्न दिशाओं में भिन्न हुई होती। बड़े पैमाने पर ब्रह्मांड-व्यवहार के परीक्षण से निष्कर्ष निकलता है कि ब्रह्मांड बहुत सरल है, अव्यवस्थित नहीं है। इसके कारण ब्रह्मांड पर भविष्यकालीन दीर्घ वेध संभव है। ब्रह्मांड का प्रसरण इतना समान है कि उसे हम दो आकाशगंगाओं में होनेवाले अंतर से वर्णित कर सकते हैं। यह अंतर आज बढ़ रहा है, परंतु गुरुत्वाकर्षण से अलग-अलग आकाशगंगाओं का प्रसरण धीरे-धीरे कम होता जाएगा। ब्रह्मांड की घनता जब किसी अतिकारी मूल्य से अधिक बड़ी हो जाएगी, तब गुरुत्वाकर्षण का आकर्षण ही अंततः ब्रह्मांड के प्रसरण को रोकेगा और ब्रह्मांड के अकुंचन संकोच का आरंभ होगा। ब्रह्मांड-निर्माण महाविस्फोट से हुआ। महासंकोच (big crunch) से ब्रह्मांड ढह जाएगा। यही महासंकोच विलक्षणता अर्थात् अनंत घनता अवस्था कहलाती है। इस अवस्था में भौतिकी के सभी नियम निष्प्रभ हो जाते हैं। तात्पर्य यह है कि महासंकोच के बाद क्या घटित होने वाला है, इसका अनुमान नहीं लगाया जा सकेगा। हम यह भी कह सकते हैं कि महासंकोच की स्थिति के बाद निर्मित ब्रह्मांड अलग ही होगा; मानो ब्रह्मांड का पुनर्जन्म ही होगा।

यदि सामान्य घनता ही क्रांतिकारी मूल्य से कम होगी तो ब्रह्मांड खत्म नहीं होगा, निरंतर प्रसरण होता रहेगा। कुछ काल के पश्चात् घनता कम होगी और गुरुत्वाकर्षण का आकर्षण धीमा होकर प्रसरण धीमा होने के लिए उसका कोई भी असर नहीं रहेगा। उसके पश्चात् आकाशगंगाएँ स्थिर गति से निरंतर आगे सरकती जाएँगी। मुझे तो विश्वासपूर्वक लगता है कि यह प्रसरण कम-से-कम

अरबों वर्ष तक जारी रहेगा और इसके बारे में मेरा अनुमान गलत नहीं होगा। यदि हम इन सितारों को देख सकें और उन सबका वस्तुमान जोड़ते जाएँ तो हमें एक प्रतिशत से भी कम क्रांतिकारी घनत्व मिलता है। साथ ही मेघों की वायु का भार यदि हम जोड़ते जाएँ तो भी वस्तुमान क्रांतिकारी मूल्य में केवल 1 प्रतिशत होता है। फिर भी हम जानते हैं कि ब्रह्मांड में कृष्ण द्रव्य (dark matter) है, जिसे हम देख नहीं सकते। कृष्ण द्रव्य वस्तुमान गति से घूमनेवाले चक्र के समान आकाशगंगा से निर्मित होता है। कृष्ण द्रव्य की उपस्थिति का दूसरा आधार आकाशगंगा के समूह से मिलता है। आकाशगंगा और आकाशगंगा समूह गत कृष्ण द्रव्य का विश्वसनीय अनुमान लगाने पर आनेवाला मूल्य क्रांतिकारी घनता की अपेक्षा 10 प्रतिशत होता है। अर्थात् प्राप्त निरीक्षण से अनुमान लगाया जाएगा कि पृथ्वी का नित्य प्रसरण होता है। 5 अरब वर्ष के बाद सूर्यगत अणु ईंधन खत्म होने पर उसका अंत हो जाएगा। वह फूल जाएगा और पृथ्वी एवं निकट के ग्रहों को निगल जाएगा। उस समय की उसकी अवस्था अति विशाल लाल तारा कहलाएगी। बाद में वह स्थिर होकर उससे श्वेतबटु सितारे का निर्माण होगा, जिसकी लंबाई कई हजार मील होगी। इसमें चिंता की कोई बात नहीं है, क्योंकि यह बहुत वर्षों के बाद होने वाला है। अभी लगभग 10 अरब वर्ष के बाद ब्रह्मांड के सभी सितारे जल चुके होंगे। सूर्य के समान वस्तुमान होनेवाले सितारे या तो श्वेतबटु हो जाएँगे अथवा न्यूट्रॉन सितारे बनेंगे। उनसे अधिक वस्तुमान होनेवाले सितारे कृष्ण विवर बनेंगे, जिनमें गुरुत्वाकर्षण क्षेत्र इतना तीव्र होगा कि प्रकाश-किरणें भी इनमें होकर बाहर नहीं निकल पाएँगी। हम यह मान लें कि अंततः लगभग सभी आकाशगंगाओं और उनके समूहों का अंत कृष्ण विवर में होगा। फिर भी कुछ समय पूर्व मैंने इस बात का आविष्कार किया है कि कृष्ण विवर का जो चित्र प्रस्तुत किया जाता है, वह उतना कृष्ण नहीं है।

इस पूरी चर्चा का अंत इन शब्दों में किया जा सकता है कि सामान्यतः कुछ समय के लिए ब्रह्मांड कैसा होगा, इसका अनुमान लगाया जा सकता है। परंतु निश्चित रूप से बताना कठिन है, क्योंकि ब्रह्मांड मानो किसी छुरी की नोंक पर खड़ा है। जैसे वह कहीं भी ढल सकता है, उसकी आज की घनता क्रांतिकारी घनता के जितनी ही है। संक्षेप में यह है कि हम दैवी संचार होनेवाले प्राचीन काल के लोगों के समान बोल रहे हैं।

□

6

हॉकिंग और हॉलीवुड

कैंब्रिज शहर की उच्च एवं संभ्रांत बस्ती में बारह युवक-युवतियाँ एकत्र थे। उनके सामने एक व्यक्ति व्हीलचेयर पर बैठा था। हास्य-विनोद हो रहा था। प्रो. हॉकिंग शांतिपूर्वक उसका लुत्फ उठा रहे थे। दूसरों की तुलना में कुछ दुर्बल, दुबले हाथ-पैर, थका चेहरा–इसके कारण उस युवा समूह में वे अलग से लग रहे थे। परंतु उनका सिर हिलता था तथा चश्मे के शीशे द्वारा उनकी नीली आँखें चमकती थीं। उनके निकट ही सहायक नर्स खड़ी थी। वह चम्मच से उन्हें खिलाती थी और साफ कपड़े से मुँह पोंछती थी।

लोगों ने खाना आरंभ किया ही था कि वेटर एक सम्मानित अतिथि को वहाँ लेकर आया। उम्र के लिहाज से वह युवा और गजब की आकर्षक लग रही थी। आते ही वह व्हीलचेयर पर बैठे व्यक्ति के सामने खड़ी हुई और बोली, ''प्रो. हॉकिंग! आपसे मिलकर मुझे बड़ी खुशी हो रही है। मैं हूँ शिर्ले मैकालिन।''

24-04-1934 को जनमीं ऑस्कर अवार्ड विजेता हॉलीवुड अभिनेत्री शिर्ले मैकालिन के दो चित्र : वे भी प्रो. हॉकिंग के प्रशंसकों में शामिल हैं

प्रोफेसर के चेहरे पर रसित हास्य खिला। वे केवल इतना ही बोले, ''हैलो!''

सबके चहेते प्रो. हॉकिंग

भोजन के दौरान प्रोफेसर के साथ बैठी हुई हॉलीवुड की विख्यात अभिनेत्री शिर्ले मैकालिन उनसे लगातार प्रश्न पूछ रही थीं। वह स्वयं दर्शन और अध्यात्म में रुचि रखती थीं। इस विषय से संबंधित कई योग्य व्यक्तियों से वह इस संदर्भ में चर्चा करती रहती थीं। इस विषय में उनका गहन जिज्ञासा, आस्था और अपनत्व था। मानव के अस्तित्व के बारे में उनकी अपनी कुछ संकल्पनाएँ थीं और उन्हीं के संदर्भ में उनकी कई जिज्ञासाएँ होती थीं। ब्रह्मांड का निर्माण, ईश्वर का अस्तित्व आदि गहन विषयों का भी उन्होंने गहन अध्ययन किया था।

उन्होंने प्रोफेसर से पूछा, ''क्या आप इसमें विश्वास करते हैं कि ब्रह्मांड का निर्माता और मार्गदर्शक परमेश्वर है?''

प्रोफेसर मुसकराते हुए मशीन से शब्द निकालते हैं, ''नहीं।''

भोजन समाप्त होता है; युवा वर्ग चला जाता है। प्रोफेसर और शिर्ले अध्ययन-कक्ष में आते हैं। वहाँ दो घंटे तक अध्यात्म और वैज्ञानिक विषयों पर उनकी चर्चा होती है।

स्टीफन हॉकिंग से अधिक ख्याति उस समय शिर्ले की थी। ऑस्कर के लिए उनका कई बार नामांकन हुआ था और 'टर्म्स ऑफ ऐंडरमेंट' फिल्म में उत्कृष्ट भूमिका के लिए उन्हें ऑस्कर अवार्ड भी मिला था। उनकी और

प्रोफेसर की मुलाकात से स्पष्ट होता है कि हॉलीवुड में स्टीफन हॉकिंग के बारे में कितना कौतूहल था, जिज्ञासा थी, आदर था। उनकी 'ए ब्रीफ हिस्ट्री ऑफ टाइम' पुस्तक में संचित ज्ञान रूपी पूँजी और अव्यक्त सामर्थ्य है, इसका अहसास ए.बी.सी. न्यूज चैनल के पूर्व निदेशक को हुआ। गॉर्डन फ्रीडमैन को हॉकिंग के जीवन पर वृत्तचित्र बनाने में रुचि नहीं थी, बल्कि इस पुस्तक में संचित काल एवं आकाश के स्वरूप पर फिल्म बनाने में थी। इतने भव्य कार्य के लिए उन्होंने स्टीफन व स्पीलबर्ग की कंपनी से संपर्क किया। उनकी इच्छा थी कि यह वैज्ञानिक संरचना फिल्म के माध्यम से साधारण जनता के सामने प्रस्तुत करके विज्ञान विषयक जागृति पैदा करें। उनके मन में हॉकिंग के प्रति आदर था। उन्हें हॉकिंग आइंस्टाइन के स्तर के वैज्ञानिक लगते थे। दोनों की प्रत्यक्ष मुलाकात सन् 1990 में लॉस एंजिल्स के एक स्टूडियो में हुई। वह बैठक डेढ़ घंटे चली। स्टूडियो के अन्य लोगों का हॉकिंग के संबंध में कौतूहल था और पहली बार में ही उनका ध्यान स्पीलबर्ग की बजाय हॉकिंग पर केंद्रित हुआ।

कैंब्रिज विश्वविद्यालय के वरिष्ठ अनुसंधानकर्ता फिल्म-निर्माण की बात से सहमत नहीं थे। लेकिन फिल्म बनी। हॉकिंग की जीवनी पर फिल्म बनाने के उद्देश्य से उनके संपर्क में आए हुए लोगों की मुलाकातें, उनका कार्यालय, उनकी दिनचर्या का चित्रण भी हुआ।

फिल्म के अंतिम प्रसंगों का चित्रण हो रहा था। उसी दौरान सन् 1990 में स्टीफन और जेन के संबंध-विच्छेद होने की खबरें प्रसारित होने लगीं। हॉकिंग का 'हास्य' वह गायब हो गया।

□

अनुसंधान खंड

1

महाएकीकृत सिद्धांत

कल्पना कीजिए कि आपने ब्रह्मांड को कभी नहीं देखा। यह ब्रह्मांड कैसा है, यह बताने के क्या कोई निश्चित नियम हैं? क्या ये नियम हम सीमित जीवन में जान-पढ़ सकेंगे? कुछ भौतिक वैज्ञानिकों की राय में नियमों की ऐसी पुस्तक होती है, जिसमें आसान एवं सीधे तत्त्वों की ही भरमार है। संभवतः ब्रह्मांड में प्राचीनकाल में क्या घटित हुआ, वर्तमान में क्या घटित हो रहा है और भविष्य में क्या घटित होने वाला है—यह बतानेवाली एक ही तकनीक इस पुस्तक में है। स्टीफन हॉकिंग के अनुसार—"यह महाएकीकृत सिद्धांत मेरे अपने दायरे में है और जल्दी ही मैं उसकी पूर्ति कर सकूँगा।"

ब्रह्मांड के आदि और अंत का रहस्य सुलझाने के लिए वैज्ञानिकों के प्रयास जारी हैं। ब्रह्मांड के अंतरंग में जो अनंत घटनाएँ हर क्षण घटित होती रहती हैं, उनके पीछे कौन सा सूत्र होगा? यह सूत्र मेरी समझ में आ सकता है? क्या मैं उसे खोज पाऊँगा? इन सबके लिए स्टीफन हॉकिंग ने प्रयास जारी किए। गत शताब्दी में ऐसे तीन-चार प्रसंगों पर वैज्ञानिकों को सत्य के इस सिद्धांत के मिलने में विश्वास हो गया था। अणु-विज्ञान के उदय के बाद लगा था कि हम अंतिम सत्य को समझने के बहुत करीब आ गए हैं। आरंभ में केवल प्रोटॉन और इलेक्ट्रॉन का आविष्कार हुआ था। उसके बाद न्यूट्रॉन का आविष्कार हुआ। आइंस्टाइन का आपेक्षिकता सिद्धांत (relativity principle), अनिश्चितता का सिद्धांत (uncertainty principle), निश्चितता का सिद्धांत (certainty principle) आदि सिद्धांत वैज्ञानिकों को उपलब्ध थे। इसके कारण महाएकीकृत सिद्धांत की संभावना दूर होनी जारी रही।

बर्मिंघम पैलेस के संगीत कक्ष में महारानी एलिजाबेथ प्रो. हॉकिंग एवं जेन के साथ

ब्रह्मांड का आकार

ब्रह्मांड से संबंधित इन घटनाओं को जानने के लिए वैज्ञानिक सदैव प्रयासरत रहते हैं। जनसाधारण में भी इस संदर्भ में जानने की जिज्ञासा है। अनेक कवियों के शब्दों में भी यह जिज्ञासा प्रकट हुई है। "इस ब्रह्मांड का आकार कितना? इसके-उसके दिमाग जितना।" हर एक के सिर का आकार सतही तौर पर एक सा होता है, परंतु अंदर की बुद्धि अलग होती है। उसी के कारण इर्दगिर्द का वातावरण और ब्रह्मांड के आकलन की हर एक की क्षमता अलग-अलग होती है। बुद्धि की प्रगति (विकास) और अवस्था के अनुसार उसे ब्रह्मांड का आकार समझ में आता है। ब्रह्मांड का आकार जानने की क्षमता मानव की प्रज्ञा में है; क्या वे यही सुझाना चाहते थे? किस प्रकार के ब्रह्मांड की क्षमता? आस-पास के वातावरण सहित आसमान में रात के समय चमकनेवाले सितारों को अपने में समा लेनेवाले आकाश की या अनगिनत तारागणों सहित सूर्य-मल्लिकाओं से युक्त महाकाय ब्रह्मांड की-कवि की प्रज्ञा कितनी ऊँची-भव्य कल्पना कर सकती है, इस बात का यह द्योतक है।

सतही तौर पर यह प्रकृति जितनी जटिल लगती है उतनी है नहीं। यदि हम संपूर्ण प्रकृति को अत्यंत सीधे-सरल तरीके से जान सकें तो कितना सत्य बाहर आएगा? नोबल पुरस्कार विजेता अमेरिकन वैज्ञानिक रिचर्ड फिनमैन ने इसे जानने का प्रयास किया। एक समय था, जब फिनमैन ने सिद्धांत रखा था

कि किसी एक घटना को हम 'गति' शब्द से संबोधित करते हैं; दूसरी को हम 'गरमी' शब्द से पहचानते हैं और तीसरी हिलने-डुलने की घटना है। ध्वनि पर न्यूटन का गति का नियम प्रस्तुत करने के बाद स्पष्ट हुआ कि सतही तौर पर भिन्न-भिन्न प्रतीत होनेवाली ये क्रियाएँ एक ही क्रिया के विभिन्न रूप हैं। ध्वनि-हानि क्या है? हवा में होनेवाले अणु का हिलना अर्थात् गरमी और ध्वनि का मूल रूप एक ही हुआ—अणु का हिलना। साथ ही न्यूटन के सिद्धांतों से गरमी को प्राकृतिक घटना माना जाने लगा। इसका सीधा अर्थ है कि भौतिक विज्ञान के क्षेत्र में पड़नेवाली ये तीनों घटनाएँ सुगम्य हैं, क्योंकि उनका मूलभूत स्रोत एक ही है। सतही तौर पर भिन्न लगनेवाली घटनाएँ किस प्रकार एक ही होती हैं, इसका यह पहला उदाहरण है।

ब्रह्मांड के भीतर चार बल

ब्रह्मांड के बारे में सोचिए। कैसा है वह? ब्रह्मांड अर्थात् मानव, वनस्पति, प्राणी, हवा, बर्फ, सितारे, वायु, सूक्ष्म जीवाणु—ये अतिसूक्ष्म कणों से तैयार हुए हैं। अणु में प्रोटॉन एवं न्यूट्रॉन होते हैं और इलेक्ट्रॉन उसके चारों ओर घूमते रहते हैं। उनके बीच में पर्याप्त रिक्त स्थान होता है। प्रोटॉन, न्यूट्रॉन और इलेक्ट्रॉन विशेष नियमों के अनुसार व्यवहार करते हैं। उनका व्यवहार

'हमें अंतरिक्ष में क्यों जाना चाहिए' विषय पर वाशिंगटन में एक व्याख्यान के अवसर पर स्टीफन हॉकिंग एवं लूसी हॉकिंग

मानव के व्यवहार जैसा होता है। संदेश भेजने के हमारे चार मार्ग हैं–टेलीफोन, फैक्स, इ-मेल और मोबाइल। परंतु सभी लोग इन सभी माध्यमों का प्रयोग नहीं करते। द्रव्य कण–जिन्हें हम पहचानते हैं–उनमें संदेश-वाहन के चारों मार्ग हैं, जिन्हें हम बल कहते हैं। इन चार मार्गों के नाम हैं–गुरुत्वाकर्षण बल, विद्युत् चुंबकीय बल, शक्तिमान बल और कमजोर बल। विद्युत् चुंबकीय बल इलेक्ट्रॉन व केंद्रक को नियंत्रित करता है। शक्तिमान बल केंद्रक को स्थिर रखता है। परंतु कमजोर बल के कारण रेडियोधर्मिता (Radio activity) का निर्माण होता है। बीसवीं सदी में भौतिक वैज्ञानिकों ने इन चारों बलों का निश्चित रूप एवं कार्य जानने का प्रयास किया। ये चारों बल एक-दूसरे से किस प्रकार संबंधित हैं, इस बात का भी अध्ययन किया गया। मानव द्वारा संदेश भेजने का उदाहरण लें। टेलीफोन या फैक्स–दोनों संदेश वहन करते हैं, परंतु उनकी पद्धति भिन्न है। यही सरूप अथवा एकीकरण (Unity) कहलाता है। ये चारों बल एकत्र होने पर 'ज्यादा बल' पैदा होता है। ज्यादा बल का कार्य बतानेवाला सिद्धांत ही महाएकीकृत सिद्धांत है। हॉकिंग के अनुसंधान का यही मार्ग था। ब्रह्मांड का मूल एवं रूप जाँचने का उनका अध्ययन जारी था; ब्रह्मांड सीधा-सरल-सुलभ है, उनका प्रयास यह बताने का था।

महाएकीकृत सिद्धांत (Grand unified theory)

यहाँ पर एक बात ध्यान में रखनी जरूरी है कि महाएकीकृत सिद्धांत के माध्यम से पूर्णतः निर्माण होता है, ऐसा नहीं है। वहाँ कभी-कभी बड़ा ही विवाद होता है, क्योंकि वह वैज्ञानिक की कल्पना-शक्ति की ऊँची उड़ान होती है–छलाँग होती है। हॉकिंग के विचार में कोई ऊँचा सिद्धांत पूर्ववर्ती उपलब्ध घटनाओं के प्रतिकूल न हो। यदि प्रतिकूल या विपरीत हो तो फिर वह वैसा क्यों है, इसका तर्कघटित कारण प्रस्तुत करना आवश्यक है। इसके लिए यदि उदाहरण देने हों तो सुपरस्ट्रिंग सिद्धांत को दिया जा सकता है। इस सिद्धांत में दशमिति (Ten Dimensions) की धारणा व्यक्त की गई है, जो निरीक्षण के नितांत विपरीत एवं विसंगतिपूर्ण है।

प्रयोगों के आधार पर हॉकिंग के सिद्धांत प्रमाणित करना आज उपलब्ध तकनीकों के लिए भी मुश्किल है। प्रकाश किरणें उच्चतम महाकाय वस्तु हैं, जो सूर्य की ओर से आगे बढ़ते समय जरा सी मुड़ जाती हैं। आइंस्टाइन के इस सिद्धांत को प्रयोगों के आधार पर प्रमाणित किया गया। हॉकिंग के सिद्धांत के

बारे में ऐसा होना फिलहाल कठिन है। हॉकिंग को अपनी बात निश्चित रूप से सही लगती है। ब्रह्मांड-विषयक सिद्धांत के लिए निम्नलिखित बातों का स्पष्टीकरण करना आवश्यक है। महाएकीकृत सिद्धांत के सामने ये चुनौतियाँ हैं–

1. बल और कण को एक साथ लानेवाला नमूना बताना होगा।
2. ब्रह्मांड की सीमा-स्थिति क्या है?
3. कुल मिलाकर कण कितने हैं, स्पष्ट रूप से बताना होगा।
4. उसमें अनुमान तत्त्व न हों।
5. ब्रह्मांड को हम जैसा देखते हैं, उसी का विवरण-वर्णन किया हुआ हो।
6. वह सरल हो, सीधा हो, परंतु उसमें कमाल की जटिलता स्वीकार करने की क्षमता हो।
7. आइंस्टाइन के आपेक्षिकता सिद्धांत और पुंज सिद्धांत को एकत्र करने के रहस्य को सुलझाना संभव होना चाहिए।

आइंस्टाइन का सामान्य आपेक्षिकता (general relativity) सिद्धांत व्यापक और अतिविशाल सितारे, ग्रह, आकाशगंगा पर लागू होता है। उन अतिविशाल पिंडों पर गुरुत्वाकर्षण किस प्रकार परिणाम देता है, इसे प्रस्तुत सिद्धांत के आधार पर विशद किया जा सकता है। दरअसल, पुंज यांत्रिकी (mass mechanism) तत्त्व इस संदर्भ में अतीव निराशाजनक है। इस तत्त्व के अनुसार हम इलेक्ट्रॉन जैसे अति सूक्ष्म कण का स्थान एवं गति (गति व स्थिति)–ये दोनों बातें एक ही समय अचूकता से समझ नहीं सकते। इसके बावजूद पुंज यांत्रिकी के लिए यह तत्त्व उपयुक्त है। ये दोनों सिद्धांत बीसवीं सदी के विज्ञान क्षेत्र के पथदर्शक हैं।

इन दोनों को एक साथ लाने का प्रयास है–महाएकीकृत सिद्धांत। संक्षेप में अतिविशाल और अतिसूक्ष्म को महाएकीकृत सिद्धांत द्वारा बताना अर्थात् ब्रह्मांड को जानने का मूलभूत प्रयास।

सभी भौतिकी वैज्ञानिक नहीं मानते कि महाएकीकृत सिद्धांत को फलीभूत करना संभव है। उनकी राय में–क्या इस प्रकार का कोई सिद्धांत ढूँढ़ना किसी के लिए संभव है, जिससे विज्ञान का विकास निरंतर होता रहे? एक बड़े डिब्बे के अंदर एक डिब्बा, उसके अंदर और एक छोटा डिब्बा–इस तरह कम-से-कम बिलकुल छोटे डिब्बे तक तो पहुँचेंगे, परंतु अंतिम डिब्बे तक कभी नहीं पहुँच पाएँगे। कुछ वैज्ञानिकों के अनुसार घटनाएँ सहजता से घटित होती हैं। कुछ वैज्ञानिकों का विश्वास है कि परमात्मा और मानव–दोनों को रचना के लेन-देन

सितंबर 2008 में कैंब्रिज यूनिवर्सिटी के कॉर्पस क्रिस्टी कॉलेज में नव-स्थापित 'कॉर्पस क्लॉक' का प्रो. हॉकिंग ने अनावरण किया

में बहुत स्वतंत्रता है। क्या यह स्वतंत्रता महाएकीकृत सिद्धांत को स्वीकार करेगी? उसके लिए अपनी स्वीकृति, सम्मति देगी? संवाद के क्षेत्र में ऑर्केस्ट्रा में शब्दों का परिवर्तन होता है, फिर भी सृजनशील संगीतकार बहुत स्वतंत्र होते हैं। भारतीय संगीत में भी रागों की बंदिशें होती हैं, परंतु प्रत्येक गायक अपनी कल्पना-शक्ति के अनुसार अलग सजावट के साथ उसे प्रस्तुत करता है। इतने बंधनों के बावजूद इस प्रकार का सिद्धांत तैयार हो, यह सभी वैज्ञानिकों की मनोकामना होती है। स्टीफन हॉकिंग के सिद्धांत निर्माण का अपरिमित उत्साह इतनी सहजता से तोड़ डालने और उखाड़ देने जितना कमजोर नहीं है। इस वैज्ञानिक के विचार से यह कार्य मानव के इतिहास का उच्चतम संबल है—ब्रह्मांड कैसे काम करता है तथा उसका निर्माण कैसे हुआ, यह देखना।

यह बात प्रशंसनीय है कि पृथ्वी के समान छोटे से ग्रह पर कुछ गिने-चुने नागरिक ही ब्रह्मांड को समझने का प्रयास कर रहे हैं। एक छोटी सी आकाशगंगा का एक छोटा सा मामूली नगण्य ग्रह पृथ्वी और उस पर रहनेवाले व्यक्ति पूरे ब्रह्मांड का रहस्य जानने का प्रयास करते हैं—वास्तव में यह प्रशंसनीय बात है।

कवि के शब्दों में—"असीम ब्रह्मांड का आकार बताएगा मनुष्य का छोटा सा मस्तिष्क।" □

2

ब्रह्मांड का प्रसार

हम वृत्ताकार घूमनेवाली चकत्ते के आकार की आकाशगंगा में रहते हैं। हमारी आकाशगंगा के समान अन्य कई आकाशगंगाएँ ब्रह्मांड में हैं और उनके बीच में दूर तक फैला हुआ आकाश है–इस कथन पर बीसवीं शताब्दी के आरंभ में कोई वैज्ञानिक विश्वास करने के लिए तैयार नहीं था। सन् 1920 में अमेरिकी खगोल वैज्ञानिक एडविन हब्बल ने प्रायोगिक निरीक्षणों द्वारा यह प्रस्तुत किया कि हमारी आकाशगंगा के समान अन्य आकाशगंगाएँ इस ब्रह्मांड में समाहित हैं। क्या इन आकाशगंगाओं के हिलने-चलने के कोई विशिष्ट नियम हैं? इस संबंध में भी हब्बल ने अपने विचार प्रस्तुत किए। उनका विचार एवं अनुसंधान इस शताब्दी में सबसे क्रांतिकारी अनुसंधान माना जाता है। उनके अनुसार, अतीव दूर स्थित आकाशगंगाएँ परस्पर दूर जा रही हैं–अर्थात् सीधे अर्थ में ब्रह्मांड का प्रसार हो रहा है।

हब्बल के मतानुसार आकाशगंगाएँ जितनी दूर होती हैं, उतनी ही अधिक गति से प्रसार पाती हैं–अर्थात् आकाशगंगाएँ दुगुने फासले पर होंगी तो वे दुगुनी गति से प्रसारित होंगी। अति दूर होनेवाली आकाशगंगाएँ हमसे इतनी तेजी से दूर जा रही हैं कि उनकी गति प्रकाश की गति से भी तीव्र है। क्या इसका मतलब यह है कि ब्रह्मांड का हर सितारा हमसे दूर जा रहा है? इसका उत्तर नकारात्मक ही है। हमारे नजदीक के पड़ोसी ग्रह वृत्ताकार घूमते हैं; वे कभी पास आते हैं तो कभी दूर जाते हैं। प्रत्यक्षत: आकाशगंगा का ज़ो समूह है, उससे आकाश का प्रसार होता है। सामान्य उदाहरणों से इसे जाना जा सकता है। ब्रेड या केक बनाते समय उसमें हमें सिर्फ बादाम की ऊपरी नोंक (साबुत डालने पर) ही दिखाई देती है। ब्रेड को ओवन में रखने पर सिंकने

की प्रक्रिया में वह फैलती जाती है। इससे लगता है कि उसमें डाले हुए बादाम ही फैल रहे हैं। बादाम परस्पर जितने दूर होंगे, उतनी ही अधिक गति से दूर जाते हुए दिखाई देते हैं।

दूसरा उदाहरण हवा-रहित रबड़ के गुब्बारे का है। एक गुब्बारे पर अलग-अलग जगह रंगीन बिंदु अंकित कर गुब्बारे में हवा भरना शुरू कीजिए। वे बिंदु परस्पर दूर जाते हुए दिखाई देंगे। जिस प्रकार बादामों या बिंदुओं का दूर जाना है उसी प्रकार आकाशगंगाएँ परस्पर दूर जाती हैं।

यदि ये आकाशगंगाएँ काल-भ्रमण (time travel) के साथ दूर जाती हैं तो फिर अतीत में वे परस्पर निकट हो सकती हैं; परंतु सभी आकाशगंगाएँ एक ही स्थान पर नहीं आ सकतीं-यह जिज्ञासा तर्क उपस्थित करती है। इस महाविशाल ब्रह्मांड का भार यदि एक ही बिंदु में समाया हुआ हो तो फिर इस बिंदु की सघनता का अंत अपार होना स्वाभाविक ही है।

ब्रह्मांड के प्रसार का यह एक पक्ष रहा है; परंतु ऐसा नहीं है कि केवल यही एक संभावना थी, बल्कि कभी किसी जमाने में ब्रह्मांड वैसा होगा जैसा आज दिखता है या उसका संकुचन हुआ होगा, जिसके कारण सभी आकाशगंगाएँ परस्पर निकट आई होंगी, मानो वे अब परस्पर सट जाने के रास्ते पर होंगी। परंतु आकाशगंगा और सितारों की इस गति से निम्न दूसरी गति भी थी।

एक व्याख्यान का अवसर, जब कुछ विकलांग छात्र अपने हीरो से मिले

सितारों के चारों ओर ग्रह होते हैं। संभावना यह भी है कि ग्रह निरंतर घूमनेवाले होंगे और एकत्रित होने के स्थान पर परस्पर टकराने से पूर्व ही वे भटक गए होंगे। परिणामतः वे बिखर गए और ब्रह्मांड का प्रसार हुआ तथा वह वैसा बना जैसा आज दिखता है।

प्रश्न यह है कि इन दो में से किस कारणवश यह क्रिया घटित हुई होगी? हॉकिंग ने अपनी पी-एच.डी. के अनुसंधान का आरंभ इसी बात से किया। उनके सामने प्रश्न था कि आरंभ था या नहीं था? उन्हें अपने इस प्रश्न का उत्तर मिला लंदन में बिर्कबेक कॉलेज के एप्लाइड मैथमेटिक्स के प्रोफेसर रोजर पेनरोज द्वारा सन् 1965 में प्रस्तुत संकल्पना से, जो–कुछ तारों का अंत कैसा था–इसके संबंध में थी। उन दोनों ने एक साथ ठोस कार्य किया और 'कृष्ण विवर' संज्ञा का जन्म हुआ।

रोजर पेनरोज विख्यात गणितज्ञ हैं। उनके पिता विख्यात आनुवंशिकी वैज्ञानिक थे और चाचा श्रेष्ठ चित्रकार एवं पिकासो के मित्र थे। रोजर के छोटे भाई दस बार ब्रिटेन के राष्ट्रीय शतरंज के चैंपियन रहे। यूनिवर्सिटी कॉलेज ऑफ लंदन से उन्होंने गणित एवं भौतिकी का अध्ययन किया और कैंब्रिज विश्वविद्यालय से पी-एच.डी. की उपाधि प्राप्त की। पेनरोज और हॉकिंग, दोनों ही प्रतिभा संपन्न वैज्ञानिक थे। उन्होंने मिलकर कार्य किया। न्यूटन द्वारा अनुसंधित तथा आइंस्टाइन द्वारा विवेचित गुरुत्वाकर्षण के सिद्धांत को उन्होंने आगे बढ़ाया।

□

3

गुरुत्वाकर्षण और प्रकाश

गुरुत्वाकर्षण एवं प्रकाश-व्यवहार के संबंध में सामान्य आपेक्षिकता सिद्धांत को एकमित किया गया। इसलिए पहले इन दोनों संज्ञाओं तथा उनकी प्रगति के विषय में चर्चा करेंगे।

चार बलों में से एक–गुरुत्वाकर्षण बल–सबसे अधिक जाना-पहचाना है। आसमान में ऊँचाई पर फेंका हुआ पत्थर नीचे गिर पड़ता है। हाथ की वस्तु नीचे गिर जाती है या ऊँचे झूले से हम नीचे गिरते हैं। इन सबके पीछे गुरुत्वाकर्षण की शक्ति होती है। स्वाभाविक ही है, यदि किसी से पूछा जाता कि यह बल मजबूत है या कमजोर? प्रबल या दुर्बल? तो उत्तर आएगा कि वह प्रबलतम होगा और निश्चित रूप से बहुत मजबूत होना चाहिए। परंतु आपका यह उत्तर सरासर गलत है। वस्तुतः चार बलों में से यह बल सर्वाधिक कमजोर है। हमें जो गुरुत्वाकर्षण प्रतीत होता है, वह वस्तुतः पृथ्वी के बड़े भारी भार के कारण है, जो अनंत कणों की उपस्थिति के कारण है। यह एकमित परिणाम है। स्वाभाविक है कि इस बल के लिए प्रत्येक कण का सहभाग न के बराबर अर्थात् नगण्य या अतिक्षीण होगा। इसलिए गुरुत्वाकर्षण शक्ति को मापने के लिए अतिसंवेदनशील उपकरणों की आवश्यकता होती है। सीधी बात एक ही है कि यह शक्ति सिर्फ आकर्षित करती है, प्रतिसारण बिलकुल नहीं। इसलिए वह निरंतर विकसित होती जाती है।

सर न्यूटन कैंब्रिज में ल्युकेशियन प्रोफेसर (गणित के प्रोफेसर) थे। सन् 1980 में स्टीफन हॉकिंग ने भी इस पद को सुशोभित किया। सामान्य स्थिति में गुरुत्वाकर्षण बल किस प्रकार कार्य करता है, न्यूटन ने इस बात को बताने का प्रयास किया था। कल्पना कीजिए कि चंद्रमा आसमान में अकेला

है। यदि वह स्थिर न रहता, स्थानांतरित हुआ होता तो अपनी गति को न बदलते हुए स्थिर गति से सीधी दिशा में आगे खिसक जाता। परंतु चंद्रमा अकेला नहीं है। गुरुत्वाकर्षण बल उस पर कार्य करता है, जिससे उसकी गति और दिशा बदलती रहती है। यह बल कहाँ से आता है? इस बल का स्रोत कौन सा है? यह बल चंद्रमा के निकटस्थ भारयुक्त पृथ्वी द्वारा निर्मित होता है। स्वाभाविक रूप से चंद्रमा इन बदलावों को रोकनेवाले बल को न मानने का प्रयास करता है। वह सीधी दिशा में जाने का प्रयास करता है। इसके साथ ही चंद्रमा की गुरुत्वाकर्षण शक्ति पृथ्वी पर आकर्षण बल का निर्माण करती है। सागर की लहरें और पूर्णिमा के दिन आनेवाला ज्वार इसी शक्ति के परिणाम हैं।

न्यूटन के मतानुसार वस्तु का द्रव्यमान या वस्तुमान जितना अधिक होगा, उसकी गुरुत्वाकर्षण शक्ति उतनी ही अधिक होगी। यदि पृथ्वी का भार आज जितना है या उससे दुगुना होता तो चंद्रमा पर उसकी गुरुत्वाकर्षण शक्ति

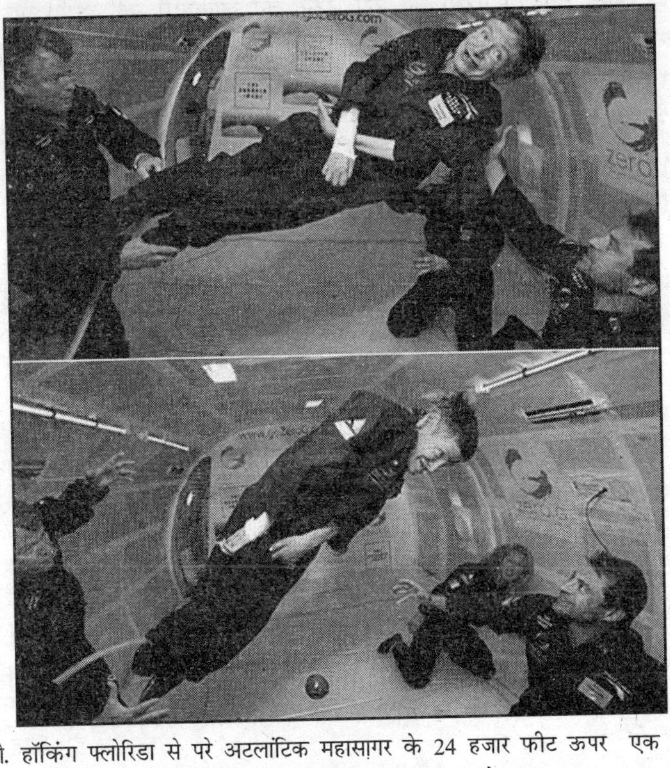

प्रो. हॉकिंग फ्लोरिडा से परे अटलांटिक महासागर के 24 हजार फीट ऊपर एक जेट वायुयान में शून्य गुरुत्व का अनुभव करते हुए

दुगुनी हो जाती। न्यूटन ने यह भी खोज की कि यह बल दो वस्तुओं की परस्पर दूरी पर भी निर्भर करता है।

न्यूटन का यह सिद्धांत सफल माना जाता है। अत: अगले दो सौ वर्षों में इसमें कोई सुधार नहीं किया गया। परंतु अल्बर्ट आइंस्टाइन को इस सिद्धांत में त्रुटियों का अहसास हुआ। न्यूटन के अनुसार, दो वस्तुओं के बीच का गुरुत्वाकर्षण बल उनके बीच की दूरी पर निर्भर करता है। आइंस्टाइन ने अपना प्रश्न पूछा, ''यदि न्यूटन का कहना सही माना जाए तथा सूर्य को पृथ्वी से दूर किया जाए तो क्या उनके बीच के गुरुत्वाकर्षण में तात्कालिक बदलाव आ जाएगा? क्या यह संभव है?'' आइंस्टाइन के असामान्य आपेक्षिकता सिद्धांत के अनुसार हम ब्रह्मांड में भले कहीं भी हों, हमें प्रकाश हमेशा एक समान गति में ही मिलेगा। क्योंकि प्रकाश से अधिक गति से कुछ भी नहीं जा सकता। सूर्य से पृथ्वी तक प्रकाश पहुँचने में सामान्यत: आठ मिनट लगते हैं। हम सदैव आठ मिनट पूर्व के सूर्य को देखते हैं। यदि सूर्य को पृथ्वी से दूर ले जाया गया तो पृथ्वी को उस घटना की जानकारी नहीं होगी और इस बदलाव का परिणाम आठ मिनट तक समझ में भी नहीं आएगा। फिर पृथ्वी आठ मिनट तक अपने ही क्षेत्र में घूमती रहेगी, मानो सूर्य अपने स्थान से हिला ही न हो। इसका तात्पर्य यह है कि गुरुत्वाकर्षण द्वारा एक वस्तु का दूसरी वस्तु पर होनेवाला बदलाव आकस्मिक रूप से तुरंत समझ में नहीं आ सकेगा, क्योंकि गुरुत्वाकर्षण प्रकाश से अधिक गति से यात्रा कर ही नहीं सकता। सूर्य उस क्षण कितने अंतर (दूरी) पर स्थित है, इस बात की सूचना आकाश में तत्काल नहीं पहुँच पाएगी, क्योंकि वह प्रकाश की गति के अनुरूप 3,00,000 कि.मी. प्रति सेकंड की गति से यात्रा नहीं कर सकता।

और एक प्रश्न अनुत्तरित था। न्यूटन ने दिखा दिया कि ग्रहों के भ्रमण-क्षेत्र दीर्घ वृत्ताकार हैं। परंतु बुध ग्रह इस नियम का परिपालन नहीं करता। सूर्य के पास होने पर उसके घूमने के क्षेत्र में अंतर देखा गया। इस निरीक्षण का समाधान न्यूटन के नियमों से नहीं किया जा सकता। सौ साल तक इस प्रश्न का उत्तर नहीं मिला, जो आइंस्टाइन के सिद्धांत से मिला।

आइंस्टाइन ने अपने गुरुत्वाकर्षण के सिद्धांत द्वारा दिखा दिया था कि दूर के सितारे से निकली प्रकाश-किरणें सूर्य के नजदीक से जाते समय सूर्य के गुरुत्वाकर्षण से वक्र हो जाती हैं, अपना मार्ग बदल लेती हैं। इसके लिए आइंस्टाइन के आकाश-काल सिद्धांत की थोड़ी चर्चा आवश्यक है।

□

4

दिक्-काल सिद्धांत

ब्रह्मांड त्रिआयामी या त्रिमित है, ऐसा कहना अधूरा है। यह छह समान भुजाओंवाली त्रिमित वस्तु को द्विमित में वर्णिन करने जैसा होगा। अत: महाविशाल वस्तुओं को जानने के लिए काल के इस चौथे त्रिमित को स्वीकार करना अपरिहार्य है। सन् 1915 में आइंस्टाइन ने सामान्य आपेक्षिकता

नासा का प्रतिष्ठित मेडल ग्रहण करते हुए प्रो. हॉकिंग

सिद्धांत प्रस्तुत किया। उनके अनुसार गुरुत्वाकर्षण बल है। दो वस्तुओं के बीच आकर्षण बल जैसे विचार को दूर रखिए। गुरुत्वाकर्षण का विश्लेषण चतुर्थमिति आकाश के आकार एवं क्षमता द्वारा करना होगा। यह वक्रता वस्तुमान और ऊर्जा के कारण निर्मित होती है। प्रत्येक महाकाय वस्तु आकाश-काल (space-time) को वक्र बनाती है। ब्रह्मांड में सीधे जानेवाली जो वस्तुएँ हैं, उन्हें बलपूर्वक वक्र मार्ग को स्वीकार करना पड़ता है। कल्पना कीजिए, जमीन पर कैनवास का कपड़ा फैला है, जिसके बीचोबीच क्रिकेट की गेंद रखी हुई है। गोल्फ की एक गेंद को सीधी रेखा में लुढ़कती हुई उस बड़ी गेंद की दिशा में आने दीजिए। गोल्फ की गेंद बड़ी गेंद के कारण निर्मित गड्ढे में जाते हुए सीधी रेखा में न जाकर समय लेगी। गड्ढे का निर्माण बड़ी गेंद के कारण कैनवास के रबड़ के कपड़े का हिस्सा मोड़ने के कारण हुआ है। ठीक उसी प्रकार वस्तुमान द्रव्य आकाश-काल को मोड़ता है। बड़ी वस्तु के कारण निर्मित इस वक्रता को पार करते समय छोटी वस्तुओं का मार्ग मुड़ जाता है। चंद्रमा और पृथ्वी के संबंध में ऐसा ही घटित होता है। चंद्रमा जब पृथ्वी को पार करते समय सीधी रेखा में जाने का प्रयास करता है, तब आकाश-काल को मोड़ता है और चंद्र-क्षेत्र में ही वृत्ताकार भ्रमण करता रहता है।

आकाश-वक्रता

न्यूटन और आइंस्टाइन के सिद्धांत में मूलभूत अंतर है। न्यूटन के मत में महाकाय वस्तुएँ बल उत्सर्जित करती हैं। आइंस्टाइन के विचार से महाकाय वस्तु आकाश-काल को मोड़ती हैं। दोनों का परिणाम था–वस्तु के एक ओर के मार्ग में हुआ बदलाव। सामान्य आपेक्षिकता सिद्धांत के अनुसार 'गुरुत्वाकर्षण बल' और 'वक्रता' दोनों समान ही हैं। सूर्य और ग्रहों के क्षेत्र न्यूटन के सिद्धांत के आधार पर पाए गए हैं। यदि आइंस्टाइन के सिद्धांत से ढूँढ़ा जाए तो भी अचूकता से वे ही क्षेत्र मिलते हैं। बुध ग्रह इसके लिए अपवादस्वरूप है, क्योंकि वह सूर्य का सबसे निकटतम ग्रह है। अत: सूर्य के गुरुत्वाकर्षण के अधिकांश खगोलशास्त्रीय निरीक्षणों में पाया गया है कि आइंस्टाइन के सिद्धांत द्वारा प्राप्त बुध का क्षेत्र प्रायोगिक निरीक्षणों से प्राप्त क्षेत्रों से काफी मिलता-जुलता है। आइंस्टाइन के सिद्धांत के अनुसार चंद्र और अन्य ग्रहों के अतिरिक्त अन्य वस्तुओं पर आकाश-काल की वक्रता का परिमाप अधिक होता है। इस वक्र मार्ग से गुजरते हुए यदि प्रकाश-किरणों का झोंका किसी

अन्य सितारे से आ रहा हो और उसका मार्ग सूर्य के निकट से जाता हो तो सूर्य के निकटवर्ती आकाश-काल के मुड़ने या उस वक्रता के कारण उन किरणों का मार्ग सूर्य अपनी ओर मोड़ लेता है। शायद उस मार्ग को इस प्रकार मोड़ा जाता है कि हम उन प्रकाश-किरणों के पृथ्वी पर आने की घटना को देख ही नहीं सकते, क्योंकि सूर्य महातेजस्वी सितारा है। उसे देखना संपूर्ण सूर्यग्रहण काल में ही संभव हो सकता है, क्योंकि उस समय सूर्य का तेज पूर्णत: ढका हुआ होता है। इस अध्ययन के चयन के लिए संपूर्ण सूर्यग्रहण के समय के चयन का यही कारण है।

सन् १९१९ का खग्रास सूर्यग्रहण

आइंस्टाइन का सिद्धांत घोषित होने के तीन वर्ष बाद यह अवसर आया। 29 मई, 1919 के दिन दक्षिणी गोलार्द्ध में खग्रास सूर्यग्रहण पड़ा।

वैज्ञानिकों के दो मंडल बने। इसमें से एक दल का नेतृत्व प्रसिद्ध वैज्ञानिक आर्थर एडिंगटन कर रहे थे। एक निरीक्षण मंडल ब्राजील गया तो दूसरा अफ्रीका के पश्चिमी किनारे पर प्रिंसी बंदरगाह पर नियुक्त हुआ। पहला विश्वयुद्ध हाल ही में खत्म हुआ था। विमान सेवा अभी प्राथमिक स्थिति में ही थी। सभी उपकरण आदि लादकर यूरोपीय वैज्ञानिकों का दल अटलांटिक महासागर को पार कर ब्राजील पहुँचा। 29 मई का दिन आरंभ हुआ; ग्रहण की घड़ी आ गई। आसमान में बादल छाए हुए थे। अपार परिश्रम और धन नष्ट होगा तथा यह अवसर पुन: कभी नहीं मिलेगा–इस विचार से वैज्ञानिक चिंतित हो गए। कुछ ही देर में प्रकृति प्रसन्न हुई और बादलों का परदा छँट गया। सूर्यग्रहण लगना आरंभ हुआ। वह क्षण बहुमूल्य था। पूरा सूर्य ढक गया था। कुछ क्षणों में ही अनेक फोटो खींची गईं। इस प्रयोग के निष्कर्ष प्राप्त किए गए। इंग्लैंड के प्रमुख खगोल-वैज्ञानिक अस्ट्रानामर रॉयल ने रॉयल सोसाइटी के भव्य सभागृह में निष्कर्ष घोषित किया, 'दूरस्थ सितारों का प्रकाश जगमगाते सूर्य के निकट से गुजरते हुए उसके गुरुत्वाकर्षण के कारण मुड़ता है'–यह कथन प्रमाणित हुआ। रॉयल द्वारा इस बात को घोषित करते ही तालियों की गड़गड़ाहट से सभागृह गूँज उठा। साथ ही यह भी स्पष्ट हुआ कि प्रकाश का वस्तुमान होता है। वैज्ञानिकों ने इस कार्य की प्रशंसा 'असीम प्रतिभा की उच्चतम खोज' कहकर की।

इसलिए कहा जाता है कि इस प्रयोग में गुरुत्वाकर्षण बल ही नहीं,

बल्कि ब्रह्मांड को आकार देनेवाली शक्ति प्रमाणित हुई। न्यूटन को जो न मिला, वह मूल आइंस्टाइन ने खोजा–अर्थात् न्यूटन की खोज के अर्थ को स्पष्ट किया गया। सापेक्षतावाद प्रयोग की कसौटी पर खरा उतरा। आकाश और काल की ओर देखने की नई दृष्टि मिली। कला–सौंदर्य की तरह विज्ञान का सौंदर्य भी गरिमामय और आनंददायी होता है। विज्ञान के प्रत्येक अनुसंधान में काव्य का अंश होता है–आइंस्टाइन ने सिद्ध किया।

अलेक्जेंडर फ्रीडमैन की खोज

सन् 1919 में महान् खगोल विज्ञान के प्रयोग के ठीक तीन वर्ष बाद अर्थात् 1922 में रूसी गणितज्ञ अलेक्जेंडर फ्रीडमैन ने आइंस्टाइन के समीकरण को हल करने का प्रयास किया। इसके लिए उन्होंने दो महत्त्वपूर्ण तथ्य प्रस्तुत किए। पहला यह कि 'ब्रह्मांड सभी दिशाओं से एक जैसा ही दिखता है।' दूसरा, 'किसी भी स्थान से देखने पर वह एक जैसा दिखाई देता है।' फ्रीडमैन के विचार से सितारे धीरे-धीरे एक-दूसरे से दूर जाते हैं। कुछ देर के बाद गुरुत्वाकर्षण बल उन्हें परस्पर दूर जाने से रोकता है और तब ये तारे निकट आने लगते हैं। इसके कारण ब्रह्मांड का प्रसार होता है। परंतु दूसरे प्रकार में तारे इतनी प्रचंड गति से परस्पर दूर जाते हैं कि उनमें होनेवाला गुरुत्वाकर्षण बल उन्हें दूर जाने से रोक नहीं पाता, फलत: ब्रह्मांड फैलता ही रहता है। ब्रह्मांड के तीसरे प्रकार में तारे उचित गति से परस्पर दूर जाते हैं, जिसके कारण ब्रह्मांड का संकुचन नहीं, बल्कि निरंतर प्रसार होता है। फ्रीडमैन द्वारा वर्णित ब्रह्मांड का आरंभिक स्वरूप है–'अति लघु आकार का बिंदु'। फ्रीडमैन के पहले तथ्य को स्वीकार करना सरल है; परंतु दूसरा विचार उतना सरल नहीं है। ब्रह्मांड किसी भी स्थान से एक जैसा ही दिखाई देता है, यह प्रमाणित करने के लिए हमारे पास कोई वैज्ञानिक आधार नहीं है। हॉकिंग कहते हैं कि विनम्रता की भावना से ही फ्रीडमैन के विचार को हम मान्य करते हैं। हमारे चारों ओर का ब्रह्मांड सभी दिशाओं से एक जैसा है, यह

रूसी गणितज्ञ अलेक्जेंडर फ्रीडमैन

घटना भी याद रखने लायक हो; भले ही ब्रह्मांड के अन्य स्थानों से वह वैसा न दिखता हो। हॉकिंग के विचार में–''यह घटना लक्षणीय है परंतु असंभव ही है, ऐसा नहीं कह सकते। मैं विनम्रतापूर्वक इस पर विश्वास करता हूँ।' हॉकिंग का यह कहना भी तर्कपूर्ण नहीं है। भौतिकी वैज्ञानिकों की फ्रीडमैन के तथ्यों से सहमति है।

फ्रीडमैन के स्वकल्पित नमूने में ब्रह्मांड की तीन मितियाँ हैं। गुरुत्वाकर्षण आकाश को अपने चारों ओर मोड़ता है। ब्रह्मांड का आकार अनंत नहीं, परंतु ऐसा समझना मुश्किल है कि उसका अंत नहीं और न कोई सीमा है; क्योंकि हम 'अनंत' का अर्थ–जिसका अंत नहीं–से मानते हैं। प्रत्यक्षत: इन दोनों के अर्थ एक नहीं हैं।

फ्रीडमैन के नमूने में काल आकाश के समान अनंत नहीं, उसे गिना जा सकता है। काल की सीमा होती है; प्रारंभ और अंत भी है। यदि दो आकाशगंगाओं में आरंभिक अंतर शून्य है तो वे परस्पर दूर जा रही हैं। यह प्रसार धीमा है और ब्रह्मांड में पर्याप्त वस्तुमान होने के कारण कालानुरूप गुरुत्वाकर्षण के आकर्षण से यह प्रसार रुकेगा और ब्रह्मांड संकुचित होने लगेगा। काल की समाप्ति के बाद भी अंतर पुन: शून्य ही होगा। हमारा ब्रह्मांड संभवत: इसी प्रकार का होगा।

पहले ब्रह्मांड छोटे आकार में था, फिर विस्फोटित होकर फैलता गया। यह कृष्ण विवर बनने की स्थिति हो सकती है, क्योंकि अणु–ईंधन खत्म होने की अवस्था में गुरुत्वाकर्षण के कारण सितारा अपने केंद्र की ओर ढलने लगता है और उससे कृष्ण विवर का जन्म होता है। हॉकिंग और पेनरोज ने दिखा दिया कि यदि व्यापक आपेक्षिकता सिद्धांत अचूक हो तो विलक्षणता (दिक्–काल में एक ऐसा बिंदु, जिस पर दिक्–काल की वक्रता असीमित हो जाती है) का अस्तित्व होना निश्चित ही है। ब्रह्मांड का आरंभ महाविस्फोट विलक्षणता से हुआ है। इस घटना को कुछ अप्रत्यक्ष आधार मिले हैं। अब हम कृष्ण विवर के संबंध में और विवेचना करेंगे।

□

5

कृष्ण विवर या ब्लैक होल

कल्पना कीजिए कि पृथ्वी को यदि हम दबाएँ और उसके आकार को आज के आकार से आधा करें तो क्या पृथ्वी का गुरुत्वाकर्षण बदल जाएगा? इसका उत्तर होगा–'नहीं'; क्योंकि पृथ्वी के वस्तुमान को हमने नहीं बदला। चंद्रमा का पृथ्वी के चारों ओर का भ्रमण भी नहीं बदलेगा। परंतु यदि आप इस नई पृथ्वी के पृष्ठभाग पर उतर जाएँ तो गुरुत्वाकर्षण पहले की अपेक्षा चौगुना अनुभव होगा।

परंतु ऐसी कोई घटना घटित होना संभव नहीं है। ग्रह से कृष्ण विवर नहीं बनता, परंतु सितारे कृष्ण विवर बन सकते हैं। इसका आरंभ हम एक महाकाय सितारे से ही करेंगे। मान लीजिए कि उसका वस्तुमान सूर्य से दस गुना अधिक है। इस सितारे की त्रिज्या सूर्य की त्रिज्या से पाँच गुना अधिक है तो इसकी मुक्ति गति (Escape Velocity) प्रति सेकंड 1,000 कि.मी. होगी। इस सितारे की आयु 10 करोड़ वर्ष होगी। इस सितारे में उसके भीतर की वस्तु को परस्पर आकर्षित करते हुए निर्मित होनेवाले गुरुत्वाकर्षण और उसके वायु के कारण उत्पन्न दबाव–इन दोनों में रस्साकशी चलती रहती है। सितारे के हाइड्रोजन के केंद्रक (center point) से हीलियम का केंद्रक निर्मित होता है और इस रासायनिक क्रिया से ऊर्जा बाहर निकलती है। यह क्रिया केंद्रक सम्मिलन

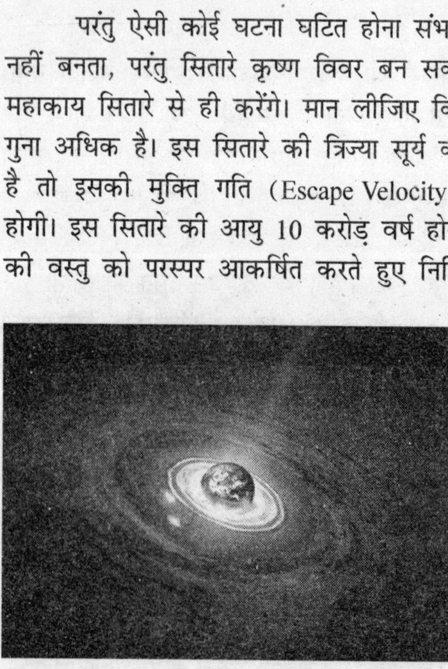

कहलाती है। इससे उष्णता (गरमी) बाहर निकलती है। गरमी का दबाव निर्मित होता है, इसी से सितारा चमकता है। यथावश्यक दबाव उत्पन्न करके गुरुत्वाकर्षण को रोका जाता है, जो सितारे को पतन से बचाता है। यह रस्साकशी 10 करोड़ वर्षों के लंबे काल तक जारी रहेगी। उसके बाद सितारे का ईंधन समाप्त होने लगेगा। गुरुत्वाकर्षण के विपरीत वायु का दबाव कम होने पर सितारा सकुचाने लगेगा। परंतु सितारे का गुरुत्वाकर्षण बढ़ता रहेगा। यह सितारा पृथ्वी के समान मटर के दाने जैसा नहीं होगा। सितारे की त्रिज्या यदि 20 कि.मी. होगी तो मुक्ति गति 3,00,000 कि.मी. प्रति सेकंड होगी। यह गति प्रकाश की गति है। इससे इस आकुंचित सितारे से प्रकाश बाहर जा नहीं पाएगा और सितारे का कृष्ण विवर बनेगा। सितारे के भीतर से आनेवाली प्रकाश-किरणें कभी बाहर नहीं जा सकेंगी। संक्षेप में, कृष्ण विवर में न प्रकाश है, न परिवर्तन, न ध्वनि। इससे कोई भी जानकारी या सूचना बाहर नहीं जा पाएगी।

सन् 1960 में हॉकिंग और पेनरोज ने स्पष्ट किया कि कृष्ण विवर अर्थात् ब्रह्मांड का ऐसा स्थान, जिसमें त्रिज्या को प्राप्त करके सितारा कृष्ण विवर बनता है, वह स्थिति 'क्षितिज' कहलाती है। क्षितिज की विशेषता यह है कि इस स्थिति में प्रकाश-किरणें पृष्ठ के चारों ओर भटकती रहती हैं, अंदर की ओर नहीं खिंचतीं; लेकिन ये विवर के बाहर भी नहीं जा सकतीं। वहाँ से प्रकाश बाहर नहीं निकल सकता। इसलिए आपकी आँखों को विवर दिखाई नहीं देता। पेनरोज ने तो यह भी प्रमाणित किया कि गिरनेवाले सितारे का पूर्ण वस्तुमान उसके पृष्ठ के भीतर अपने ही गुरुत्वाकर्षण से दब जाता होगा। उसका अंत संपूर्ण पृष्ठ के शून्य आकार तक दब जाने पर होगा। इस स्थिति में पूर्ण वस्तुमान साधारण भरा हुआ होगा। शून्य त्रिज्या, शून्य आकारमान अर्थात् गणित की भाषा में बिंदु। यही स्थिति कृष्ण विवर की होती है और उसमें वस्तु के वस्तुमान की घनता अनंत होती है। इस स्थिति में आकाश की वक्रता अनंत होगी। प्रकाश-किरणों के झोंके की कुंडली नहीं होगी, बल्कि वह झोंका अनंत गाढ़ा और पक्का होगा।

चंद्रशेखर-सीमा

सन् 1920 से इस क्षेत्र में निरंतर काम जारी रहा। गर्व की बात यह है कि महान् भारतीय वैज्ञानिक एस. चंद्रशेखर ने इसमें उल्लेखनीय कार्य किया। अपना चुंबकीय ईंधन पूर्णतः समाप्त होने पर गुरुत्वाकर्षण शक्ति के विरुद्ध रहनेवाला सितारा कितना बड़ा हो सकता है, इस पर चंद्रशेखर ने छात्र-जीवन

में ही अनुसंधान आरंभ कर दिया था। तत्कालीन दो महान् खगोल वैज्ञानिकों—जॉन मिशेल और एडिंगटन के बीच सितारों के संगठन के संबंध में कुछ मूलभूत मत-भिन्नताएँ उत्पन्न हुई थीं। एडिंगटन का कहना था कि अंतर्भाग की रचना निश्चित करते समय बाह्य भाग का विचार प्रमुख होने की आवश्यकता नहीं। मिशेल का विचार था कि सितारों के बाह्य भाग की नाप ली जा सकती है। परिणामत: अंतर्भाग की रचना संभव है तथा तापमान एवं दबाव के घटक बाह्य और अंतर्भाग में भिन्न होने के कारण दोनों के लिए भिन्न गणित का प्रयोग करना उचित है। चंद्रशेखर के विचार में अंतर्भाग में भयंकर तापमान और दबाव रहने के कारण अणु-केंद्र और इलेक्ट्रॉन बढ़ता है। इसके लिए पुंज सिद्धांत का इस्तेमाल करना होगा, क्योंकि अणु-केंद्र और इलेक्ट्रॉन प्रचंड गति से भ्रमण करते हैं। प्रत्यक्ष गणित प्रस्तुत करने पर चंद्रशेखर ने वस्तुमान की सीमा पाई और मिशेल की संकल्पना से विसंगतिपूर्ण उत्तर मिला। चंद्रशेखर को दिखाई दिया कि सूर्य की अपेक्षा डेढ़ गुना बड़ा सितारा केवल अपने गुरुत्वाकर्षण की सहायता से अपने आपको सहारा नहीं दे सकता। यह सीमा 'चंद्रशेखर-सीमा' कहलाई। सीमा के इस गणितीय उत्तर के कारण महाकाय सितारे के अंत के विषय में गंभीर समस्याएँ उत्पन्न हुईं। यदि सितारे का वस्तुमान चंद्रशेखर-सीमा की अपेक्षा कम होगा तो अंतत: उसका संकुचन रुक जाएगा और यथासंभव स्थिति में स्थिर होगा। ऐसा सितारा 'श्वेतबटु' (White Dwarf) कहलाता है। इसकी त्रिज्या कुछ हजार मील और घनत्व सैकड़ों टन घन इंच होगा। रात्रि के समय आसमान में तेज चमकनेवाले 'सायरस' (व्याध) नामक सितारे के चारों ओर सर्वप्रथम 'श्वेतबटु' की उपस्थिति दिखाई दी।

26 अप्रैल, 2007 : नासा में सूक्ष्म गुरुत्वाकर्षण के अनुभव की तैयारी में प्रो. हॉकिंग

विलक्षणता

सन् 1965 से 1970 तक पेनरोज और हॉकिंग ने साथ मिलकर अनुसंधान किया। सामान्य सापेक्षतावाद के अनुसार अनंत घनत्व और आकाश-काल या दिक्-काल की विलक्षणता (दिक्-काल में एक ऐसा बिंदु, जिस पर

दिक्–काल (space-time) की वक्रता असीमित हो जाती है) कृष्ण विवर में होनी चाहिए। इस स्थिति में विज्ञान के नियम लागू नहीं किए जा सकते। स्टीफन हॉकिंग के शोध के अनुसार–महाविस्फोट से ब्रह्मांड-निर्माण होने के पश्चात् तत्काल ही वस्तुखंड पर बड़े पैमाने पर दबाव पड़ा, जिससे सूक्ष्म आकार के कृष्ण विवर निर्मित हुए। ये कृष्ण विवर 'प्रारंभिक कृष्ण विवर' भी कहलाते हैं। हॉकिंग ने आपेक्षिकता और पुंजवाद (mass theory) का उपयोग करके प्रमाणित किया कि कृष्ण विवर कण बाहर फेंकते हैं। ये कण बाहर फेंकने के कारण कृष्ण विवर की ऊर्जा कम होती है। इसी क्रिया को कृष्ण विवर का भाप बनना कहते हैं। जैसे-जैसे वस्तुमान बाहर बढ़ता है वैसे-वैसे कृष्ण विवर का वस्तुमान कम होता है। परिणामतः उसका तापमान बढ़ता है। कृष्ण विवर नष्ट होने के अंतिम क्षण गामा किरणों का भीषण विस्फोट होता है। यह विस्फोट अनेक हाइड्रोजन बमों के एकत्रित किए गए विस्फोट के समान भीषण होगा।

कृष्ण विवर का व्यावहारिक उपयोग

वैज्ञानिकों ने सूक्ष्म कृष्ण विवरों के उपयोग के बारे में विचार किया। कृष्ण विवर को तकनीकी ज्ञान की सहायता से पृथ्वी के चारों ओर विशिष्ट कक्षा में भ्रमण करते देखे जा सकते हैं। उनसे निकलनेवाली गामा किरणों का सूक्ष्म लहरों में रूपांतरण किया जाएगा। उससे हजारों मेगावाट विद्युत्-शक्ति का निर्माण किया जा सकता है। पृथ्वी के चारों ओर भ्रमण करनेवाले कृष्ण विवरों का वस्तुमान 4 अरब टन से अधिक होना चाहिए। उससे कम वस्तुमान के विवर का इस्तेमाल करने पर उसके नष्ट होने और विस्फोट होने का खतरा अधिक होता है। ऐसी किसी घटना का पृथ्वी के वातावरण पर अनिष्टकारी परिणाम हो सकता है। हजारों-लाखों वर्ष पूर्व पृथ्वी पर डायनासोर प्रजाति के नष्ट होने के कारण सूक्ष्म कृष्ण विवर का विस्फोट ही होगा–कुछ वैज्ञानिकों का यह मत है।

डानवागे अवधारणा

हॉकिंग के अनुसंधान से कुछ महत्त्वपूर्ण सवाल खड़े होते हैं। वे स्वयं ही प्रश्न उपस्थित करते हैं–'यदि ब्रह्मांड की सीमाएँ नहीं हैं तो वह अनंत या अंतहीन है? फिर परमेश्वर को ब्रह्मांड चयन की स्वतंत्रता कहाँ रही? ब्रह्मांड के सीमा रहित होने की धारणा के कारण मैं परमेश्वर के अस्तित्व को नहीं नकारता, परंतु ब्रह्मांड-निर्माण में परमात्मा को चयन करने का अधिकार नहीं था।' कुछ वैज्ञानिक हॉकिंग के इस कथन से सहमत नहीं हैं। सीमांकन के

विशाल हैड्रन कोलाइडर मशीन का प्रयोग प्रो. हॉकिंग के इस सिद्धांत के प्रमाण जुटा सकता है कि ब्लैक होल से विकिरण निकलता है

कारण परमात्मा के कार्य की सीमा निर्धारित हो जाती है, ऐसा कहना उचित नहीं है। परमात्मा को चयन का अधिकार नहीं है–यदि हम ऐसा कहते हैं तो फिर हमें भी ऐसा निश्चित करने का क्या अधिकार है?

'ए ब्रीफ हिस्ट्री ऑफ टाइम' पुस्तक पर 'नेचर' विश्वविख्यात विज्ञान पत्रिका में स्टीफन हॉकिंग के साथ परीक्षण करनेवाले विद्यार्थी डानवागे ने इस संदर्भ में अलग ही मत प्रस्तुत किया है। उनके विचार में परमेश्वर संपूर्ण ब्रह्मांड का निर्माता है और उसे सहारा देता है; वह सिर्फ आरंभ करके ही नहीं रुकता। ब्रह्मांड का आरंभ है या नहीं, यह प्रश्न ब्रह्मांड-निर्माण के संदर्भ में लागू नहीं होता। यदि ऐसा माना जाए कि परमेश्वर हमारे इस ब्रह्मांड से बाहर होगा और निर्माण के लिए प्रारंभ की आवश्यकता नहीं होगी, फिर भी हमारे अधिकार के स्थान से वह वास्तविक काल की अवस्था में शुरुआत कर सकता है।

यहाँ दार्शनिक प्रश्न खड़े होते हैं। सैद्धांतिक पदार्थ वैज्ञानिक बुद्धि को आकर्षित करनेवाली सूचनाएँ एवं सिद्धांत प्रस्तुत करते हैं, परंतु उनके समाधान नहीं बताते। श्रेष्ठ वैज्ञानिक नित्य नई खोजें करता है और फिर बहुत परिश्रम द्वारा उन्हें डुबोने का काम करता है। हॉकिंग का पूरा काम इसी प्रकार का है। ब्रह्मांड की शुरुआत विलक्षणता से हुई है, उन्होंने यह मत प्रस्तुत किया। बाद में ब्रह्मांड की सीमा नहीं है, इस कारण विलक्षणता हो ही नहीं सकती। उन्होंने इसे सिद्ध कर दिया। उन्होंने बताया कि बीच के काल में कृष्ण विवर कभी छोटे हो ही नहीं सकते और कुछ वर्षों के बाद उन्होंने बताया कि वह हो भी सकता है। हॉकिंग निरंतर प्रमाणित करते हैं कि वे खुले मन के वैज्ञानिक हैं। दुनिया के सभी विचार ऐसे ही होते हैं। अपने अनोखे विचारों से वे दुनिया को दहला देते हैं। वे एक निर्णय लेते हैं और अगले ही क्षण क्रूरतापूर्वक उसे अस्वीकृत कर देते हैं। पहला निर्णय अपूर्ण या गलत था–यह बताने में उन्हें जरा भी संकोच नहीं होता। इसी प्रकार उनका विज्ञान, वास्तव में सर्वश्रेष्ठ विज्ञान, निरंतर प्रगति करता रहता है।

□

परिशिष्ट खंड

1

भारत-यात्रा

जनवरी 2001 में स्टीफन हॉकिंग ने भारत की यात्रा की। यहाँ 15 जनवरी को उन्होंने तत्कालीन राष्ट्रपति के.आर. नारायणन से भेंट की। यह भेंट अविस्मरणीय बन गई, जैसाकि राष्ट्रपति ने स्वयं कहा, ''यह बैठक अविस्मरणीय अनुभव रही।'' प्रो. हॉकिंग के बारे में चर्चा करते हुए नारायणन ने बताया, ''वे विकलांगों के प्रेरक और मानवीय आशा के प्रतीक हैं।''

उन्हें लेकर विज्ञान समुदाय में बेहद उत्साह था। सीरीफोर्ट ऑडिटोरियम में उनके व्याख्यान को सुनने के लिए 3,000 से अधिक निमंत्रण पत्र

प्रो. हॉकिंग भारत-भ्रमण के अवसर पर
भारत के तत्कालीन राष्ट्रपति के.आर. नारायणन के साथ

हाथोहाथ बँट चुके थे। लेकिन अधिक भीड़ को देखते हुए ऑडिटोरियम के बाहर एक बड़ी स्क्रीन लगाई गई थी, ताकि लोग बाहर से भी प्रो. हॉकिंग को देख-सुन सकें।

हर कोई प्रो. हॉकिंग के स्वागत के लिए आतुर था। विकलांगों के लिए राष्ट्रीय रोजगार प्रोत्साहन परिषद् के अध्यक्ष जावेद आबिदी का कहना था– "हम उनके सम्मान में दावत देना चाहते थे, लेकिन दिल्ली में उनका कार्यक्रम बहुत व्यस्त था।"

जवाहरलाल नेहरू विश्वविद्यालय में पर्यावरण जागरूकता, विकलांग एवं बाल पुनर्वास समिति ने प्रो. हॉकिंग की अब तक की उपलब्धियों के प्रशंसा-स्वरूप एक हजार से अधिक विद्यार्थियों के हस्ताक्षर उन्हें सौंपने की तैयारी की।

17 जनवरी, बुधवार को दिल्ली के सीरीफोर्ट ऑडिटोरियम में 'अल्बर्ट आइंस्टाइन भाषण 2001' शीर्षक के अंतर्गत 'प्रिडिक्टिंग द फ्यूचर : फ्रॉम ऑस्ट्रोलॉजी टू ब्लैक होल्स' विषय पर प्रो. हॉकिंग ने लगभग एक घंटे का भाषण दिया। बाद में मुंबई के होमी भाभा सभागार में 'दि यूनीवर्स इन द नटशेल' एवं षण्मुखानंद सभागार में 'साइंस इन द फ्यूचर' विषय पर दिए गए उनके भाषण बहुत चर्चित रहे। उन्होंने वैज्ञानिकों के प्रश्नों के उत्तर भी दिए।

उन्होंने कहा कि DNA के रोपण से मानव-वंश की जटिलता बढ़ेगी, परंतु शारीरिक प्रगति को वैचारिक परिपक्वता के साथ मिलाना आवश्यक है। पृथ्वी के पर्यावरण को सबसे बड़ा खतरा जनसंख्या से संभावित है, इसलिए हमें मिलकर गंभीरतापूर्वक इस समस्या पर विचार करना होगा। विश्व की जनसंख्या प्रतिवर्ष लगभग 2 प्रतिशत की दर से बढ़ रही है। आगामी चालीस वर्षों में विश्व की जनसंख्या दुगुनी हो जाएगी और हम जिस पर्यावरण पर निर्भर हैं, उसी का नाश करने पर तुले हुए हैं। जब कभी पर्यावरण का नाश हो गया तो मानव के भीतर का पशु जाग्रत् हो जाएगा और वह अपनी जंगली टोलियाँ बनाएगा। प्रो. हॉकिंग की यह सोच भौतिकी से हटकर मानवीय समाज पर आधारित है, जो सचमुच महत्त्वपूर्ण और अनुकरणीय है।

□

2

आधुनिक विज्ञान के प्रणेता गैलीलियो

अति महान् एवं सम्मानित वैज्ञानिकों की सूची में गैलीलियो का नाम सदैव ऊपर रहेगा। वे एक महान् वैज्ञानिक थे। उनकी खोज बहुआयामी थी। उन्होंने खगोलशास्त्र और भौतिक विज्ञान में अभूतपूर्व कार्य किए। उस समय उपलब्ध ज्ञान से विज्ञान में उन्होंने क्रांतिकारी योगदान दिया। उन्होंने कहा कि प्रकृति को पूरी तरह वस्तुनिष्ठ तरीके से देखिए। इसलिए गैलीलियो आधुनिक विज्ञान के प्रणेता एवं द्रष्टा कहलाते हैं। सन् 1564 में पीसा (इटली) में उनका जन्म हुआ। संयोग की बात है कि शेक्सपियर भी इसी साल जनमे थे। छब्बीस वर्ष की आयु में पीसा विश्वविद्यालय में गणित के प्रोफेसर के रूप में उनकी नियुक्ति हुई। उन्होंने अरस्तू के नियमों की विभिन्न प्रयोगों द्वारा जाँच की। इसके लिए पीसा की ऊँची मीनार पर चढ़कर उन्होंने दोनों हाथों से एक साथ–एक से हलके वजन का तथा दूसरे से भारी–धातु के गोले नीचे फेंके। दोनों एक ही समय नीचे गिरे। इससे अरस्तू के कथन की निष्फलता सामने आई कि एक समान ऊँचाई से एक साथ नीचे गिराने पर हलकी वस्तु की अपेक्षा भारी वस्तु जमीन पर पहले गिरती है। इस प्रकार इस प्रयोग द्वारा अरस्तू के सिद्धांत को अप्रमाणित किया गया।

गैलीलियो

सन् 1609 में हैंस लिपेरशे (Hans Lippershey) नामक डच वैज्ञानिक ने दूरबीन का आविष्कार किया। उसका प्रयोग करके गैलीलियो ने ग्रह एवं तारों पर प्रकाश डाला। आकाशगंगा में सितारों की खोज, चंद्रमा के ऊबड़-खाबड़ होने की खोज, सूर्य पर धब्बे होना, सूर्य का अपने ही क्षेत्र में भ्रमण करना तथा सबसे महत्त्वपूर्ण खोज बृहस्पति ग्रह के चारों ओर चंद्रमा जैसे ग्रहों का होना–गैलीलियो द्वारा की गई सभी खोजें ग्रह-तारों से संबंधित ज्ञान को बहुत आगे ले गईं। इन सभी खोजों की बहुत चर्चा हुई, क्योंकि गैलीलियो सिर्फ बोलते नहीं थे, बल्कि दूरबीन द्वारा आकाश में घटित घटना अन्य लोगों को दिखाते भी थे। इसलिए उनका यह कहना कि इससे पूर्ववर्ती किसी भी सिद्धांत पर एकदम विश्वास मत कीजिए बल्कि आँखों देखी को ही सत्य मानिए, सबको उचित लगता था। उनके और कोपर्निकस के अनुसंधान के कारण सबको आश्चर्यचकित करके झकझोरने वाला सिद्धांत सामने आया कि सूर्य स्थिर है और पृथ्वी उसके चारों ओर भ्रमण करती है। यह निष्कर्ष आइंस्टाइन के बिलकुल विपरीत था। साथ ही गैलीलियो के इस निष्कर्ष से पृथ्वी की पूर्वमान्य महानता कुछ कम हो गई। इस मत के प्रणेता होने के कारण पोप ने उन्हें सजा दी। इसके फलस्वरूप उन्हें वृद्धावस्था का समय अकेले बिताना पड़ा। उस स्थिति में भी उन्होंने अपने मस्तिष्क की क्षमता बरकरार रखकर अनेक आविष्कार किए। सन् 1642 में उनका निधन हुआ।

इसी वर्ष न्यूटन का जन्म हुआ। तीन सौ वर्षों के बाद स्टीफन हॉकिंग का जन्म हुआ। पीसा की मीनार से गोले गिराने के प्रयोग से गैलीलियो को ख्याति मिली थी। गैलीलियो के इस निष्कर्ष की जाँच सन् 1909 में वैरन रोलॅड इतवॉस नामक हंगरियन वैज्ञानिक ने की। उसने दिखाया कि गुरुत्वाकर्षण का विभिन्न वस्तुओं पर होनेवाला परिणाम समान ही होता है। ब्रह्मांड का कारोबार (व्यवहार) चार बलों पर चलता है। उनमें से गुरुत्वाकर्षण बल की खोज अन्य तीन बलों के पहले लगने पर भी रहस्यमय ही रही। पूरे ब्रह्मांड पर स्वामित्व रखने तथा उसे आकार देनेवाली यह शक्ति अन्य तीन शक्तियों की तुलना में अति क्षीण है। इस संदर्भ में गिरते हुए सेब को देखकर न्यूटन द्वारा किया गया अभूतपूर्व अनुसंधान महत्त्वपूर्ण है।

□

3

सर आइजक न्यूटन

सन् 1642 में न्यूटन का जन्म हुआ। वे अभी माँ के उदर में ही थे कि उनके पिता की मृत्यु हो गई। उन्नीसवें वर्ष कैंब्रिज जाने तक अत्यंत बुद्धिमान विद्यार्थी के रूप में उनकी पहचान बन चुकी थी। उन्होंने जो अनुसंधान किया, वह विज्ञान के इतिहास में अद्वितीय माना जाता है। कैलक्युलस, गुरुत्वाकर्षण, प्रकाश की संरचना—इन तीन महत्त्वपूर्ण संकल्पनाओं को उन्होंने गणित की नींव पर प्रमाणित कर प्रस्तुत किया। आगे चलकर उनके द्वारा लिखित वैज्ञानिक इतिहास का सर्वोत्तम मान्यता प्राप्त ग्रंथ 'प्रिंसीपिया मैथमेटिका' का आधार ये तीन विचार ही थे। प्रिंसीपिया लिखते समय उनकी आयु बयालीस वर्ष की थी। इस ग्रंथ के संबंध में अनेक लोगों ने प्रशंसापरक वक्तव्य दिए हैं। न्यूटन सही अर्थ में बुद्धिमान थे। हजारों वर्षों की अवधि में इतना बुद्धिमान व्यक्ति पृथ्वी पर जन्म लेता है। कोई एक समस्या मस्तिष्क में आ जाने पर कई घंटों और कई दिनों तक उसका समाधान निकालने तक उसका पीछा न छोड़नेवाले अनुसंधानकर्ता के रूप में सर्वत्र उनकी ख्याति थी।

आइजक न्यूटन

पेड़ से गिरनेवाले सेब को जमीन पर लानेवाला बल और चंद्रमा को

पृथ्वी के चारों ओर तथा सूर्य द्वारा पृथ्वी को अपने चारों ओर भ्रमण करवाने वाला बल भिन्न-भिन्न न होकर एक ही है–इस बात को न्यूटन ने प्रमाणित किया। पेड़ से नीचे गिरनेवाले सेब को नीचे पृथ्वी का भाग ही आकर्षित नहीं करता बल्कि इर्द-गिर्द के पहाड़, टीले और सागर भी आकर्षित करते हैं। इसलिए न्यूटन का कहना था कि सभी बलों को एकत्रित करने की आवश्यकता है।

न्यूटन के गुरुत्वाकर्षण के सिद्धांत से ब्रह्मांड को निर्जीव, बेजान और सूखा बना देने की आलोचना की गई। उसका उत्तर देते हुए न्यूटन ने कहा, "ब्रह्मांड की रचना इतनी सुंदर है और इतने नियमबद्ध ढंग से की गई है कि ऐसी रचना करनेवाली निर्मात्री देवी बुद्धिमत्ता का खजाना होगी या इसमें दैवीकर्ता का ही हाथ होना चाहिए।" दैवी निर्माता कहने से उनका तात्पर्य क्या है? इस प्रश्न के उत्तर में उन्होंने कहा, "इसके संदर्भ में मैं कोई भी परिकल्पना प्रस्तुत नहीं कर सकता। मैं वैज्ञानिक हूँ और धार्मिक बातों के अनुमान नहीं लगाता। मैं परमेश्वर से संबंधित नहीं बल्कि सिर्फ दृश्य नियमों के विषय में बोलता हूँ।"

मृत्यु के कुछ समय पूर्व ही न्यूटन ने कहा था, "इस जगत् के लोगों को मैं कैसा लगता हूँ, कह नहीं सकता। परंतु मुझे लगता है कि मैं सागर किनारे की रेत में खेलनेवाले बच्चे की तरह लगता हूँ। रेत में खेलते समय एकाध स्वर्णकण-से पत्थर, कंकड़ या रंगीन शंख मुझे मोह लेते हैं। अन्य लोगों की अपेक्षा मैं उसे पहले देखता हूँ और उसी समय सामने होता हूँ।"

विज्ञान में एवरेस्ट की ऊँचाई पानेवाले न्यूटन का स्वयं को नगण्य समझना उनकी वैज्ञानिक व मानवीय प्रतिभा का उच्चतम रूप दिखाता है। प्रत्येक वैज्ञानिक अनुभव करता है कि विज्ञान का क्षितिज दूर-दूर जा रहा है; परंतु न्यूटन का यह अनुभव अन्य वैज्ञानिकों से बहुत तीव्र था। संभवत: इसलिए उनकी वाणी से वैज्ञानिक विनम्रतासूचक अमर एवं उच्चतम विचार-चिंतन उद्‌घाटित हुआ।

□

4

महान् भौतिकीविद् अल्बर्ट आइंस्टाइन

अल्बर्ट आइंस्टाइन का जन्म उल्म, विर्टेंबर्ग, जर्मनी में 14 मार्च, 1879 को हुआ था। जन्म के छह सप्ताह बाद उनका परिवार म्यूनिख स्थानांतरित हो गया और वहीं लुइटपोल्ड जिम्नेजियम में उनकी स्कूली शिक्षा आरंभ हुई। बाद में उनका परिवार इटली जाकर बस गया। पर अल्बर्ट की शिक्षा आराऊ, स्विट्जरलैंड में जारी रही।

अल्बर्ट आइंस्टाइन

सन् 1896 में भौतिकी एवं गणित में एक शिक्षक के रूप में प्रशिक्षित होने के लिए उन्होंने ज्यूरिख के स्विस फेडरल पॉलिटेक्निक स्कूल में प्रवेश लिया। वर्ष 1901 में उन्हें डिप्लोमा मिला और इसी वर्ष स्विस नागरिकता भी मिल गई; लेकिन शिक्षक की नौकरी कहीं नहीं मिली, अत: उन्होंने स्विस पेटेंट दफ्तर में टेक्निकल असिस्टेंट की नौकरी कर ली। वर्ष 1905 में उन्होंने डॉक्टरेट की उपाधि प्राप्त की।

पेटेंट दफ्तर में अपने खाली समय में उन्होंने आपेक्षिकता के सिद्धांत पर गहन शोध किया और वर्ष 1908 में बर्न में उन्हें प्राइवेडोजेंट नियुक्त किया गया। 1909 में वे ज्यूरिख में प्रोफेसर बने; 1911 में प्राग में सैद्धांतिक

भौतिकी के प्रोफेसर और अगले वर्ष ज्यूरिख में इसी पद पर बने रहे। वर्ष 1914 में वे बर्लिन विश्वविद्यालय में प्रोफेसर और कैसर विल्हेम फिजिकल इंस्टीट्यूट के निदेशक नियुक्त हुए। 1914 में जर्मनी के नागरिक बने, लेकिन 1933 में राजनीतिक कारणों से जर्मन नागरिकता त्यागकर अमेरिका चले गए और प्रिंस्टन में सैद्धांतिक भौतिकी के प्रोफेसर बने। वर्ष 1940 में उन्हें अमेरिकी नागरिकता मिली और 1945 में वे पद-मुक्त हो गए।

द्वितीय विश्वयुद्ध के बाद वे बड़े प्रभावी ढंग से उभरे। उन्हें इजराइल का राष्ट्रपति बनने का न्योता दिया गया, जिसे उन्होंने अस्वीकार कर दिया। उन्होंने डॉ. चैम विजमैन के साथ मिलकर हिब्रू यूनिवर्सिटी ऑफ येरूशलम की स्थापना की।

आइंस्टाइन के भौतिकीय शोधों में आपेक्षिकता का विशिष्ट सिद्धांत (1905), आपेक्षिकता का सामान्य सिद्धांत (1916), भौतिकी का क्रम-विकास (1938) प्रमुख हैं। उन्होंने ही $E=mc^2$ जैसा विश्व-विख्यात सूत्र खोजा, जिसमें E ऊर्जा है, m द्रव्यमान और c प्रकाश का वेग।

सन् 1921 में आइंस्टाइन को भौतिकी का नोबल पुरस्कार प्राप्त हुआ।

18 अप्रैल, 1955 को प्रिंस्टन, न्यू जर्सी में उनका निधन हो गया।

□

5

स्टीफन हॉकिंग : सार-संक्षेप

1942 : 8 जनवरी को ऑक्सफोर्ड, इंग्लैंड में जन्म। पिता फ्रेंक हॉकिंग एक अनुसंधान जीव-विज्ञानी थे। माता इसोबेल हॉकिंग एक राजनीतिक कार्यकत्री थीं। उनकी दो बहनें थीं–फिलिया एवं मैरी तथा एक भाई था–एडवर्ड।

1953–1958 : उत्तरी लंदन में आरंभिक शिक्षा। यहाँ वे गणित की ओर आकृष्ट हुए, जबकि उनके पिता उन्हें चिकित्सा-क्षेत्र में भेजना चाहते थे।

1959–1962 : यूनिवर्सिटी कॉलेज ऑक्सफोर्ड से भौतिक शास्त्र में विशेषज्ञता। प्राकृतिक विज्ञान में प्रथम श्रेणी में स्नातक।

1963 : कैंब्रिज विश्वविद्यालय में ब्रह्मांडिकी एवं सामान्य आपेक्षिकता पर अनुसंधान आरंभ। इक्कीस वर्ष की आयु में एक असाध्य रोग मोटर न्यूरॉन रोग से पीड़ित। यह रोग शरीर संचालन व वाक्-शक्ति को प्रभावित करता है। इसके बावजूद वे अनुसंधान में लगे रहे, जबकि इस रोग के चलते दो वर्ष के भीतर उनकी मृत्यु की भविष्यवाणी कर दी गई थी।

1965 : 14 जुलाई को जेन वाइल्डे से विवाह। उनका पहला वैज्ञानिक शोध 'ऑन द हॉयले-नार्लीकर थ्योरी ऑफ ग्रेविएशन' प्रॉसिडिंग ऑफ द रॉयल सोसाइटी में प्रकाशित।

1966 : डॉक्टरेट डिग्री मिली। गॉनविले और केयस कॉलेज, कैंब्रिज हेतु अध्येता वृत्ति से पुरस्कृत। बिर्कबेक कॉलेज, लंदन में कार्यरत गणितज्ञ रोजर पेनरोज के साथ मिलकर कृष्ण विवर

पर अध्ययन आरंभ।

1970 : क्वांटम सिद्धांत और सामान्य आपेक्षिकता का उपयोग करके कृष्ण विवर से विकिरण उत्सर्जन का प्रदर्शन करने में सफलता।

1973 : कैंब्रिज में गणित एवं सैद्धांतिक भौतिक विभाग में कार्यारंभ। इसी वर्ष अनुसंधानों द्वारा उन्होंने इस बात पर अविश्वास प्रकट किया कि कृष्ण विवर अंतरिक्ष में ऊर्जा और कणों का उत्सर्जन कर सकते हैं और यहाँ तक कि तेज ऊर्जा का फव्वारा छोड़ सकते हैं।

1974 : उनकी यह विस्फोटक खोज 'नेचर' पत्रिका में 'ब्लैक होल एक्सप्लोजन' शीर्षक से प्रकाशित हुई। इसी वर्ष बीमारी के चलते वे स्वयं खाने-पीने के मोहताज हो गए। बिस्तर से उठना भी असंभव हो गया।

1977 : कैंब्रिज में गुरुत्वाकर्षणीय भौतिकी के प्रोफेसर नियुक्त।

1979 : कैंब्रिज में गणित के ल्यूकेशियन प्रोफेसर नियुक्त (सन् 1663 में आइजक न्यूटन इस पद पर आसीन थे)। रॉयल सोसाइटी, लंदन के अध्येता निर्वाचित।

1982 : ब्रिटिश महारानी द्वारा 'कमांडर ऑफ द ब्रिटिश एंपायर' (CBE) उपाधि प्रदत्त।

1985 : इलेक्ट्रॉनिक वॉइस सिंथेसाइजर से बातचीत आरंभ।

1988 : 'ए ब्रीफ हिस्ट्री ऑफ टाइम' (समय का संक्षिप्त इतिहास) पुस्तक प्रकाशित। सन् 1998 में गिनीज बुक ऑफ रिकॉर्ड्स द्वारा सदाबहार सर्वाधिक बिक्रीवाली पुस्तक के रूप में दर्ज।

1990 : फरवरी में पत्नी जेन वाइल्डे से संबंध-विच्छेद।

1992 : अगस्त में 'ए ब्रीफ हिस्ट्री ऑफ टाइम' पर आधारित हॉलीवुड फिल्म का प्रदर्शन।

1993 : ब्लैक होल्स ऐंड बेबी यूनीवर्स तथा कुछ अन्य निबंध प्रकाशित।

1995 : अपनी नर्स एलिना मेसन से दूसरा विवाह।

1998 : 'द कॉसमॉस एक्सप्लेंड' पुस्तक प्रकाशित, जिसमें हमारे

अस्तित्व के आधार और आस-पास मौजूद चीजों के बारे में वर्णन है।

2001 : 'यूनीवर्स इन ए नटशैल' पुस्तक का लोकार्पण। इसमें भौतिकी की हाल ही की खोजों का रहस्योद्घाटन किया गया है। भारत-यात्रा और यहाँ एक चर्चित व्याख्यान दिया।

2002 : साठवाँ जन्मदिवस आयोजित।

2003 : हास्य अभिनेता जिम केरी के साथ एक हास्य-व्यंग्य नाटक का निर्माण।

2006 : दूसरी पत्नी एलिना से भी संबंध-विच्छेद। उस पर यंत्रणा देने के आरोप लगे।

2007 : 8 जनवरी को पैंसठवाँ जन्मदिवस मनाया गया।

पुरस्कार एवं सम्मान

1975 : एडिंगटन मेडल।

1976 : ह्यूज मेडल ऑफ रॉयल सोसाइटी।

1979 : अल्बर्ट आइंस्टाइन मेडल।

1982 : ऑर्डर ऑफ द ब्रिटिश एंपायर (कमांडर)।

1985 : रॉयल एस्ट्रोनॉमिकल सोसाइटी का स्वर्ण पदक।

1986 : सैद्धांतिकी विज्ञान अकादमी के सदस्य।

1988 : भौतिकी में वुल्फ पुरस्कार।

1989 : प्रिंस ऑफ ऑस्ट्रियन अवार्ड, कंपेनियन ऑफ ऑनर।

1999 : अमेरिकी भौतिकी सोसाइटी का जूलियस एडगर लिलिनफील्ड पुरस्कार

2003 : केस वेस्टर्न रिजर्व यूनिवर्सिटी का मिशेलसन मॉर्ले पुरस्कार।

2006 : रॉयल सोसाइटी का कॉपले मेडल।

2009 : 12 अगस्त को अमेरिकी राष्ट्रपति बराक ओबामा द्वारा अमेरिका के सर्वोच्च नागरिक सम्मान 'राष्ट्रपति पदक' से सम्मानित।

□

साभार

- स्टीफन हॉकिंग : ए लाइफ इन साइंस; माइकल व्हाइट, जॉन ग्रिबिन; पेंगुइन बुक्स, लंदन।
- ffffound.com/stephen_hawking
- www.clipmarks.com /
- www.hawking.org.uk /
- wikipedia.org/wiki/stephen_hawking
- www.telegraph.co.uk
- www.nasa.gov/.../hawking.html
- स्टीफन हॉकिंग, क्रिस्टाइन लारसेन, जैको पब्लिशिंग हाउस, मुंबई।
- http://www.telegraph.co.uk/news/picturegalleries/uknews/5189606/Professor-Stephen-Hawking-in-pictures.html?image
- http://thisrecording.squarespace.com/today/2009/4/21/in-which-i-saw-stephen-hawking-in-his-prime-another-time-ano.html

□□□